Gerhard Schwengler

# Grammatik im Griff
# Deutsch 5./6. Klasse

Klett Lerntraining

Gerhard Schwengler ist Lehrer für Deutsch und Latein, Fachbetreuer Deutsch, Seminarlehrer für pädagogische Psychologie, Referent in der Lehrerfortbildung sowie Autor zahlreicher Lernhilfen und Lehr- und Arbeitsbücher.

**Hinweis:**
Zu diesem Buch gehört ein Online-Angebot unter www.notenimgriff.de.
Der Zugriff auf dieses Online-Angebot ist gewährleistet bis 2015.

**Bibliografische Information der Deutschen Bibliothek**
Die Deutsche Bibliothek verzeichnet diese Publikation in der Deutschen Nationalbibliografie; detaillierte bibliografische Daten sind im Internet über http://dnb.ddb.de abrufbar.

Auflage 5. 4. 3. | 2015 2014 2013
Die letzten Zahlen bezeichnen jeweils die Auflage und das Jahr des Druckes.
Dieses Werk folgt der gültigen Rechtschreibung und Zeichensetzung. Ausnahmen bilden Texte, bei denen künstlerische, philologische oder lizenzrechtliche oder andere Gründe einer Änderung entgegenstehen.

Internetadresse: www.klett.de/lernhilfen
Zeichnungen: Andreas Florian, Lübeck: S. 86, 89; Klett-Archiv, Stuttgart: S. 96
Umschlaggestaltung: Sabine Kaufmann, Stuttgart
Umschlagfoto: Klett-Archiv, Stuttgart; Fotograf: Thomas Weccard, Ludwigsburg
Redaktionsassistenz: Verena Malmsheimer, Stuttgart
Satz: Arnold & Domnick, Leipzig
Druck: Medienhaus Plump, Rheinbreitbach
Printed in Germany
ISBN: 978-3-12-927225-1

9 783129 272251

# INHALTSVERZEICHNIS

## 5 Adverbien



## 6 Präpositionen



## 7 Konjunktionen



## 8 Prädikat und Subjekt

## So übst du mit diesem Buch

Liebe Schülerin, lieber Schüler,

endlich die deutsche Grammatik kapieren – hast du dir das auch schon mal gewünscht? Dann ist „Grammatik im Griff" genau das richtige Übungsbuch für dich.
Dieses Buch hilft dir dabei, alle wichtigen Themen der deutschen Grammatik zu wiederholen und zu üben.

**So gehst du am besten vor:**

- Suche aus dem Inhaltsverzeichnis das Themengebiet heraus, das du wiederholen möchtest.
- Beginne jedes Kapitel, indem du das Merkwissen im grünen Kasten durchliest. Dort steht alles, was du zu diesem Thema wissen und können solltest.
- Danach kannst du alles in immer wechselnden Aufgabenstellungen einzeln üben. Viele Aufgaben kannst du nicht im Buch lösen. Lege dir ein Trainingsheft zu, in dem du längere Aufgaben bearbeitest.
- Vergleiche anschließend deine Antworten mit den Lösungen.

Hast du ein komplettes Kapitel durchgearbeitet? Dann kannst du deinen Lernerfolg mit den kostenlosen Abschlusstests online überprüfen.
Deine Ergebnisse kannst du in dieses Buch übertragen. Am Ende jedes Kapitels findest du dafür eine Tabelle.
Wie du zu den kostenlosen Abschlusstests kommst, erfährst du auf der nächsten Seite.

## So funktioniert der Abschlusstest online

**1. So meldest du dich an:**
Gehe auf **www.notenimgriff.de** und registriere dich beim ersten Mal mit deiner E-Mail-Adresse und einem von dir selbst ausgewählten Benutzernamen und Passwort.
Bist du registriert, erwartet dich eine Übersicht über alle Übungsbücher dieser Reihe. Klickst du dein Buch an, erhältst du eine Kapitelübersicht.
Gib nun **oben rechts** folgenden **Code** ein:

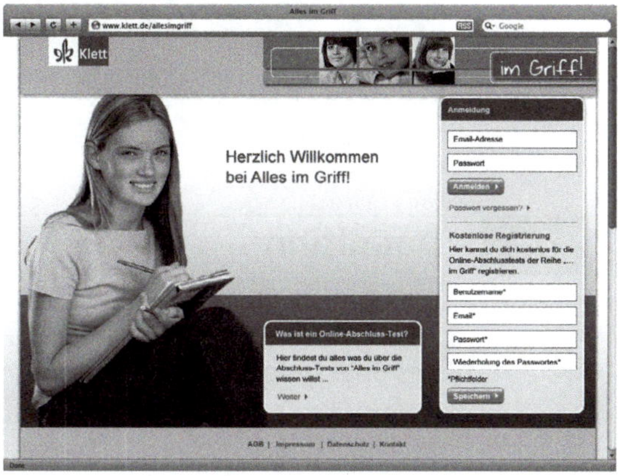


**DH3GR45**

Die kostenlosen Tests sind nun für dich freigeschaltet.

**2. So testest du dich:**
Klickst du ein Kapitel an, werden die vorhandenen Tests angezeigt. Jeden Test kannst du beliebig oft wiederholen, mittendrin abbrechen und später beenden. Wenn du **alle** Aufgaben eines Tests gemacht hast, bekommst du eine Auswertung mit deinem Ergebnis und kannst dir die Lösungen anzeigen lassen.

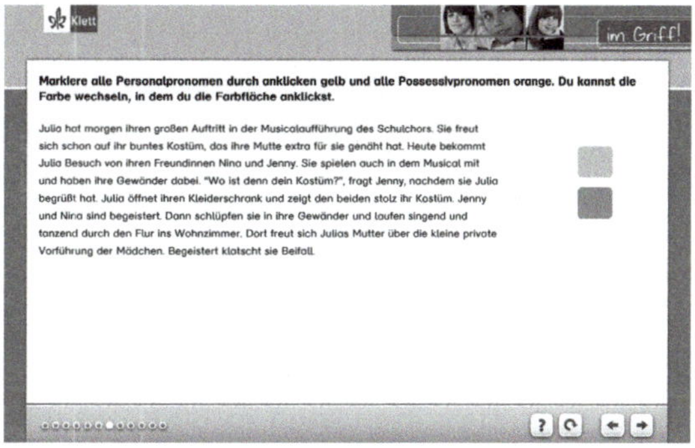

# 1 Artikel und Substantive

## 1.1 Definition

Das **Substantiv** (Nomen) bezeichnet Lebewesen und Gegenstände, die es in der Wirklichkeit gibt und die du wahrnehmen kannst. Man nennt so ein Wort ein **Konkretum (Gegenstandswort)**. Das Substantiv kann auch etwas bezeichnen, das du dir nur im Geist vorstellen kannst und das nur als Begriff vorhanden ist; solch ein Substantiv nennt man ein **Abstraktum (Begriffswort)**.

Beispiele: Frau, Baum = Konkretum; Jahr, Idee = Abstraktum

Der **Artikel** kommt nur zusammen mit dem Substantiv vor. Wir unterscheiden zwischen dem **unbestimmten** und **bestimmten** Artikel. Du verwendest den unbestimmten Artikel, wenn in einem Text das Substantiv noch nicht bekannt ist. Du verwendest den bestimmten Artikel, wenn das Substantiv schon einmal vorgekommen oder seine Bedeutung bekannt ist.

Beispiele: Es war einmal **ein** König. (Der König ist dir noch nicht bekannt.)
**Der** König hatte eine schöne Tochter.
(Nun kennst du den König, aber nicht seine Tochter.)

Im Text verändert sich die Form des Substantivs und des Artikels. Das nennt man deklinieren. Artikel und Substantiv stimmen in ihren Formen überein. Jede deklinierte Form ist durch **drei Merkmale** bestimmt:

1. Das **Genus** gibt das grammatische Geschlecht des Substantivs an.
2. Der **Numerus** sagt aus, ob etwas ein- oder mehrmals vorhanden ist.
3. Der **Kasus** kennzeichnet die Rolle des Substantivs im Satz.

Beispiel: Die Kinder bringen der Tante Blumen.

| | Genus | Numerus | Kasus | Rolle im Satz |
|---|---|---|---|---|
| die Kinder | Neutrum | Plural | Nominativ | Subjekt |
| der Tante | Femininum | Singular | Dativ | Objekt |
| Blumen | Femininum | Plural | Akkusativ | Objekt |

## Genus

Jedes Substantiv besitzt ein bestimmtes **Genus.** Es gibt drei Genera: **Maskulinum, Femininum und Neutrum.** Das Genus eines Substantivs erkennst du am Artikel.

Beispiele: **der** Mann, **die** Mannschaft, **das** Männchen

Man nennt das Genus auch **grammatisches Geschlecht,** weil es mit dem natürlichen Geschlecht von Lebewesen oft nicht übereinstimmt.

Beispiele:

| | Genus | natürliches Geschlecht |
|---|---|---|
| die Mannschaft | Femininum | – |
| das Männchen | Neutrum | männlich |

### Aufgabe 1

**Trage die vorgegebenen Substantive mit dem jeweils richtigen Artikel neben den passenden Begriff ein.**

**Mangel – Junge – Kunde – Schild**

1. Fehler: ____________________ Bügelmaschine: ____________________
2. junges Tier: ____________________ Knabe: ____________________
3. Meldung: ____________________ Käufer: ____________________
4. Schutzwaffe: ____________________ Erkennungszeichen: ____________________

### Aufgabe 2

**Bringe die Welt wieder in Ordnung, indem du den unpassenden Artikel durchstreichst und den richtigen daneben schreibst.**

1. Das __________ Tau am Morgen erfrischt die müden Füße.
2. Ein __________ Weihnachtskiefer wird das Schmuckstück Ihrer Wohnung.
3. Auf der __________ See tummeln sich niedliche Entchen.

## 1.3 Numerus

Es gibt zwei **Numerusformen: Singular** (Einzahl) und **Plural** (Mehrzahl).

Einige Substantive kommen wegen ihrer Bedeutung nur im Singular oder im Plural vor.

**Nur im Singular:** das Obst (ein Abstraktum, das mehrere Konkreta: Ananas, Apfel, Aprikose … zusammenfasst)

**Nur im Plural:** die Ferien (Glücklicherweise bestehen die Ferien immer aus mehreren freien Tagen!)

Der unbestimmte Artikel hat keine Pluralformen.

### Pluralformen

Die Singularform ist die Grundform, während der Plural meist Endungen anfügt. Manche Substantive verändern im Plural zusätzlich die Stammsilbe durch einen Umlaut.

Beispiele:

| | | | |
|---|---|---|---|
| **Singular:** | der Nomade | **Plural:** | die Nomaden |
| | das Nachbar**volk** | | die Nachbar**völker** |

Einige Substantive mit unterschiedlicher Bedeutung, die im Singular gleich lauten, haben verschiedene Pluralformen. Meist findest du die richtige Form, wenn du sie dir zusammen mit dem Satz laut vorsprichst.

Beispiele:

| | | |
|---|---|---|
| **Singular:** | Leiter | |
| **Plural:** | die Leiter | (= Vorgesetzte, Anführer) |
| | die Leitern | (= Geräte zum Hinaufsteigen) |

## Aufgabe 3

**Bilde zu den Singularformen die Pluralformen. Ordne sie nach ihren Pluralendungen ein.**

Kopf Schädel Mund Zahn Hals Finger Haar

Faust Bauch Arm Schulterblatt Knöchel Fingernagel

Knie Magen Brust Fuß Hand Schenkel Bein Nabel

Umlaut und Endung **-er:** ______________________

Umlaut und Endung **-e:** ______________________

Umlaut und keine Endung: ______________________

kein Umlaut und Endung **-e:** ______________________

kein Umlaut und keine Endung: ______________________

## Aufgabe 4

**Finde die richtige Pluralform der angegebenen Substantive und trage sie neben den passenden Begriff ein.**

**Mutter – Strauß – Bank – Wort – Band**

1. Verwandte: ____________ Schraubenteil: ____________
2. Vogel: ____________ Blumengebinde: ____________
3. Geldunternehmen: ____________ Möbel: ____________
4. Ausspruch: ____________ Bestandteil der Sprache: ____________
5. Fessel: ____________ Buch: ____________

## 1.4 Kasus

Der Kasus gibt die Rolle des Substantivs im Satz an.
Du erkennst, in welchem Kasus ein Wort steht, wenn du bestimmte Fragen an den Satz stellst.

1. Nominativ **Wer** oder **was** …?
2. Genitiv **Wessen** …?
3. Dativ **Wem** …?
4. Akkusativ **Wen** oder **was** …?

Beispiel: Sara bringt den Freunden Geschenke mit.

Der Nominativ „Sara" ist das Subjekt des Satzes, der Dativ „den Freunden" und der Akkusativ „Geschenke" sind die Objekte.

### Kasusformen

Die Veränderung des Kasus nennt man **Deklination**. Das Substantiv fügt dabei an den Nominativ Singular Kasusendungen an. Substantive, die in gleicher Weise dekliniert werden, fasst man in Deklinationsklassen zusammen.
Es gibt drei Deklinationsklassen.

**a) Die starke Deklination**
Die Pluralformen fügen entweder die Endungen **-e, -er, -s** oder **gar keine** Endung an. Viele Substantive verändern außerdem die Stammsilbe. Die „starken" Substantive erkennst du vor allem an folgenden Endungen:

Genitiv Singular: -(e)s
Dativ Plural: -n

Beispiel:

| | Singular | Plural |
|---|---|---|
| Nominativ | der Kopf | die **Köpfe** |
| Genitiv | des Kopf**es** | der **Köpfe** |
| Dativ | dem Kopf | den **Köpfen** |
| Akkusativ | den Kopf | die **Köpfe** |

**b) Die schwache Deklination**

Alle Pluralformen enden auf **-(e)n.**

Beispiel:

| | Singular | Plural |
|---|---|---|
| Nominativ | der Mensch | die Mensch**en** |
| Genitiv | des Mensch**en** | der Mensch**en** |
| Dativ | dem Mensch**en** | den Mensch**en** |
| Akkusativ | den Mensch**en** | die Mensch**en** |

**c) Die gemischte Deklination**

Der Singular hat die Formen der starken Deklination,
der Plural die Formen der schwachen Deklination.

Beispiel:

| | Singular | Plural |
|---|---|---|
| Nominativ | das Auge | die Augen |
| Genitiv | des Auges | der Augen |
| Dativ | dem Auge | den Augen |
| Akkusativ | das Auge | die Augen |

## Aufgabe 5

**Trage in die Klammer den richtigen Kasus ein. Verwende folgende Abkürzungen: N(ominativ), G(enitiv), D(ativ), A(kkusativ).**

**Die Schrift der Chinesen**

**Den Chinesen** ( *D* ) dienten zu Beginn nur drei Schnüre als Schreibmaterial. Sie verknüpften diese in vorgeschriebener Weise und bezeichneten z. B. mit einem Knoten **den Wind** ( A ) und mit zwei Knoten **den Donner** ( A ). **Den Anfang** ( A ) der Schrift vermutet man ungefähr im Jahr 2600 v.Chr. Die chinesischen Kaiser haben durch Gesetze **den Schriftzeichen** ( D ) eine bestimmte Form vorgeschrieben. **Einem Schreiber** ( D ), der die Schrift absichtlich verunstaltet hat, wurden strenge Strafen angedroht. **Den Entwicklungsstand** ( A ) der Schrift kann man gut am Schreibzeug erkennen: Nach den Schnüren benützte man als Schreibmaterial das Schilfrohr, dann **ein Bund** ( A ) aus Pflanzen und schließlich **den Pinsel** ( A ), mit dem man heute noch **dem Papier** ( D ) die seltsamen Zeichen „aufmalt". Auch **die Tusche** ( N ) ist eine Erfindung **der Chinesen** ( G ). Kaum **einem Volk** ( D ) ist die Schrift wichtiger gewesen als **den Chinesen** ( D ).

## Aufgabe 6

**Schreibe in die Klammer, welchen Kasus und Numerus das jeweilige Substantiv hat. Verwende folgende Abkürzungen: N(ominativ), G(enitiv), D(ativ), A(kkusativ); S(ingular), Pl(ural).**

In der Wüste Afrikas liegen noch **viele Geheimnisse** (*N, Pl*) verborgen. Sie zu erforschen, haben Archäologen **keine Mühen** (     ) und **Anstrengungen** (     ) gescheut. **Die ersten Erzählungen** (     ) haben **die alten Griechen** (     ) überliefert. Sie hatten bereits vor langer Zeit **ägyptische Städte** (     ) besucht, die heute vom Erdboden verschwunden sind. **Mächtige Königreiche** (     ) mit unvorstellbarem Reichtum wurden von fremden Völkern erobert. Und als **die Handelswege** (     ) zerstört waren, blieb **der Bevölkerung** (     ) nichts anderes übrig, als zu fliehen. Die Häuser **der Reichen** (     ) zerfielen, **die Gebäude** (     ) und **Tempel** (     ) wurden ein Opfer **der Hitze** (     ) und des Windes. Es mussten erst **Jahre** (     ) vergehen, bis die Archäologen mit Schaufel und Spaten **Sand** (     ) und **Geröll** (     ) von den versunkenen Städten beseitigten und so **staunenden Menschen** (     ) **die Pracht** (     ) **vergangener Zeiten** (     ) zeigen konnten.

## Aufgabe 7

**Setze die angegebenen Wörter je zweimal in den folgenden Text ein. Achtung! Einmal musst du dabei die Form des Wortes ändern.**

Beispiel: **die Schriftzeichen**

a) **Die Schriftzeichen** der Bienen bestehen aus bestimmten Körper bewegungen.

b) Mit Hilfe **der Schriftzeichen** verständigen sie sich untereinander.

### Die Sprache der Bienen

**einem Wissenschaftler – die Bienen – die Sonne – die Geschwindigkeit – der Bienensprache**

Auch die „Sprache" der Bienen hat ein Wissenschaftler erforscht. Schließlich ist es den Wissenschaftler aus Deutschland gelungen, sie zu entziffern. Er hat herausgefunden, dass die Binnen bestimmte Tanz-bewegungen vollführen. Damit geben sie den Binnen daheim im Bienenstock wichtige Informationen. Die Bienen bezeichnen z. B. den Stand der Sonne durch die Richtung ihrer Bewegungen. So ist die Sonne für alle Bienen ein wichtiger Orientierungspunkt. Auch die Geschwindigkeit der Tänze ist wichtig. Denn der Geschwindigkeit entnehmen die anderen Bienen Informationen darüber, wie reich der Tisch auf der grünen Wiese für sie gedeckt ist. Die Wörter der Binnensprache sind lautlos und sehen wie lustige Tänze aus. Wenn du den Bienen genau zuschaust, kannst du vielleicht auch einmal die Binnensprache verstehen.

## Aufgabe 8

**Bestimme in folgenden Sätzen den Kasus (Nominativ, Genitiv, Akkusativ, Dativ) und Numerus (Singular oder Plural) der gleich lautenden Artikel- und Substantivformen.**

**Vor dem Beginn der Schrift**

**Die ältesten Schriftzeichen** (______________) Europas hat man in Frankreich gefunden. **Die ältesten Schriftzeichen** (______________) sind kleine Zeichnungen auf Holzstäben, mit denen sich die Menschen damals verständigten. Mit ihrer Hilfe haben sich die Menschen schon vor Jahrtausenden bestimmte Ereignisse **der Natur** (______________) gemerkt. Man zeichnete auf, was man **der Natur** (______________) abgelauscht hatte. **Den Menschen** (______________) damals bedeuteten diese kleinen Bildzeichen alles, genauso wie **den Menschen** (______________) von heute Kino und Fernsehen interessieren. Auf einem Stab findet man z. B. **den Bullen und die Kuh** (______________) als Zeichen für den Frühjahrsbeginn eingeritzt. **Den Bullen und den Kühen** (______________), die die ersten Haustiere waren, wurde zu dieser Zeit eine große Bedeutung beigemessen. Auf diese Weise zeigte man **den Jungen** (______________) die Geheimnisse der Jagd. Und diese Bilder lehrten **den Jungen** (______________), wenn er das erste Mal auf Jagd ging, das Lebensnotwendige. Diese „Merkzettel" unterrichteten in der nächsten Generation dann wieder **die Nachkommen** (______________). Und **die Nachkommen** (______________) gaben ihr Wissen dann mit den Bildstäben wieder ihren Söhnen weiter.

## Aufgabe 9

**Bestimme die Formen, indem du hinter dem Substantiv den Kasus (N, G, D, A) und Numerus (S, Pl) angibst.**

Schliemann hatte kaum die Ausgrabung (A, Sg) der Stadt (G, Sg) Troja beendet, als seine Begeisterung (N, Sg) ihn weiter antrieb, versunkene Städte zu entdecken. Er nahm die Erzählungen (A, Pl) der griechischen Dichter wie glaubwürdige Nachrichten (A, Pl) der alten Zeiten (G, Pl). So führte ihn die Sage (N, Sg) vom sagenhaften König Agamemnon nach Mykene. Dort brachte er seltene Kostbarkeiten (A, Pl) wieder ans Tageslicht, unter ihnen die goldene Maske (A, Sg) eines Königs. Seine Entdeckungen (N, Pl) bewegten damals die Welt (N, Sg) und bis heute hat die Wirkung (N, Sg) der wieder entdeckten Vergangenheit (G, Sg) nicht nachgelassen.

# Online-Abschlusstest 1

Super! Du hast das **Kapitel 1 – Artikel und Substantive** durchgearbeitet. Dabei hast du gelernt, dass Substantive und Artikel durch die drei Merkmale Geschlecht, Anzahl und Fall (Genus, Numerus und Kasus) bestimmt werden und darin übereinstimmen.

So funktioniert der Online-Test:
Unter **www.notenimgriff.de** kannst du jetzt deinen Lernerfolg überprüfen.
Zu allen Themen dieses Kapitels werden dir Aufgaben gestellt. Wenn du sie bearbeitet hast, erhältst du am Ende des Tests eine Auswertung.

Willst du immer im Blick haben, welche Themen du schon kannst oder was du besser nochmals wiederholst? Dann übertrage deine Online-Ergebnisse unten in die Tabelle.
Du findest in der Tabelle alle Themen wieder, die du auch online bearbeitet hast.

Viel Erfolg beim Online-Test!

## Mein Ergebnis im Online-Test – Kapitel 1

| Thema | Mein Ergebnis |
|---|---|
| Substantive und Artikel | |
| Singular und Plural beim Substantiv | |
| Deklination (Beugung) von Substantiven | |

# 2 Pronomen

## 2.1 Personalpronomen

Das Personalpronomen steht im Satz an der Stelle eines Substantivs. Es weist auf Personen oder Sachen hin. Man unterscheidet beim Personalpronomen zwischen 1., 2. und 3. Person.

| | **Singular** | **Plural** |
|---|---|---|
| 1. Person | der Sprecher = ich | der Sprecher und andere = wir |
| 2. Person | der Hörer = du | der Hörer und andere = ihr |
| 3. Person | die Person oder Sache, über die gesprochen wird = er, sie, es | Personen oder Sachen, über die gesprochen wird = sie |

Im Deutschen gibt es zwei Möglichkeiten der Anrede an einen oder mehrere Hörer: die vertraute Form „du / ihr" und die höfliche, distanzierte Form „Sie". Die Pronomen der höflichen Anrede werden immer großgeschrieben.

### Formen der Personalpronomen

| **Singular** | 1. Pers. | 2. Pers. | Anrede | 3. Pers. Maskulinum | Femininum | Neutrum |
|---|---|---|---|---|---|---|
| Nominativ | ich | du | Sie | er | sie | es |
| Genitiv | meiner | deiner | Ihrer | seiner | ihrer | seiner |
| Dativ | mir | dir | Ihnen | ihm | ihr | ihm |
| Akkusativ | mich | dich | Sie | ihn | sie | es |

| **Plural** | 1. Pers. | 2. Pers. | Anrede | 3. Person (alle drei Genera) |
|---|---|---|---|---|
| Nominativ | wir | ihr | Sie | sie |
| Genitiv | unser | euer | Ihrer | ihrer |
| Dativ | uns | euch | Ihnen | ihnen |
| Akkusativ | uns | euch | Sie | sie |

## Aufgabe 1

**Gib an, auf wen das farbige Personalpronomen hinweist.**

**Kalb, Ziege, Schaf und Löwe (Eine Fabel nach La Fontaine)**

Einst gründete der Löwe mit dem Kalb, der Ziege und dem Schaf einen Verein zur Nahrungsbeschaffung. „**Ich** (Löwe) werde", sagte der Löwe, „mit **euch** (Kalb, Schaf, Ziege) Verlust und Gewinn redlich teilen." Eines Tages erblickt die Ziege einen Hirsch. Sie ruft ihren Vereinskameraden zu: „**Ich** (Ziege) bitt' euch: **Wir** (Kalb, Sch, Zie, Löw) müssen nun zusammenhalten und den Hirsch fangen." Nachdem ihnen das gelungen, spricht der Löwe: „Wir sind vier, deshalb teile ich die Beute in vier Teile. Aber **ich** (Löwe) bin der König der Tiere und sorge für euch. Auch der zweite und der dritte Teil stehen mir zu, weil ich der Stärkste und Tapferste bin." Da meckert die Ziege: „**Du** (Löwe) betrügst **uns** (Kalb, Sch, Zie)!" „**Wir** (Ziege, Löwe) beide sind doch Freunde!", sagt der Löwe. „Sicher gibst **du** (Löwe) mir deinen Teil." Hebt die Pranke und verkündet: „Liebe Freunde! Denkt immer daran: Ich bin für **euch** (Kalb, Schaf, Ziege) immer ein guter Freund."

## Aufgabe 2

**Ersetze jeweils das farbige Substantiv durch ein passendes Personalpronomen der 3. Person.**

**Versunkene Städte**

Im Dschungel Kambodschas sammelte Henri Mouchot, ein französischer Naturforscher, seltene Pflanzen. Eines Tages erzählte **dem Naturforscher** (ihm) ein eingeborener Führer von einer versunkenen Stadt im Urwald. **Die versunkene Stadt** (sie) weckte sein Interesse, und **der Naturforscher** (er) begann zu suchen. Ohne Gewissheit, dass es **die versunkene Stadt** (sie) überhaupt gibt, kämpfte **der Naturforscher** (er) gegen alle Gefahren. Eines Tages aber fand **der Naturforscher** (er) **die versunkene Stadt** (sie). **Die versunkene Stadt Angkor Thom** (sie) hatte die Ausmaße einer Weltstadt. **Die versunkene Stadt** (sie) bezaubert heute noch jeden Besucher, wenn **jeder Besucher** (er) die **versunkene Stadt** (sie) zuerst sieht.

## 2.2 Reflexivpronomen

Das Reflexivpronomen weist immer auf das Subjekt des Satzes hin. Wenn du das Wörtchen „selbst" ergänzen kannst, handelt es sich um ein Reflexivpronomen.

Beispiele:

**Bezug zum Subjekt:** Ich helfe mir (selbst).
Wir helfen uns (selbst).
Der Tüchtige hilft sich (selbst).
Die Tüchtigen helfen sich (selbst).

**Kein Bezug zum Subjekt:** Wir helfen euch.

Für die 1. und 2. Person werden die entsprechenden Formen des Personalpronomens eingesetzt.

Das Reflexivpronomen der 3. Person heißt immer „sich" – im Singular und Plural, im Dativ und Akkusativ.

Beispiele:

**Die Forscher** bahnten **sich** einen Weg durch den Urwald.
Wem bahnten die Forscher einen Weg? also: Dativ
Sie schonten **sich** dabei nicht.
Wen schonten sie nicht? also: Akkusativ

Es gibt Verben, die so genannten echten Reflexivverben, die unbedingt ein Reflexivpronomen bei sich brauchen. Sie sind sonst unvollständig.

| | | | |
|---|---|---|---|
| Vergleiche: | **Normales Verb:** | Ich wasche mich. | Ich wasche meinen Hund. |
| | **Reflexivverb:** | Ich freue mich. | — |

## Aufgabe 3

**Kreuze bei 1.–10. echte Reflexivverben an.**
**Ein Tipp: Wenn du das Reflexivpronomen durch „kleiner Bruder“ ersetzen kannst, handelt es sich nicht um ein Reflexivverb.**

Beispiel:
sich die Haare waschen → dem kleinen Bruder die Haare waschen!
sich sorgen → …

**Auch das noch!**

1. Sich die Ohren waschen ☐
2. sich die Zähne putzen ☐
3. sich anziehen ☐
4. sich auf den Weg machen ☐
5. sich beeilen ☐
6. sich in der Schule anstrengen ☐
7. sich brav melden ☐
8. sich hinlegen ☐
9. sich in den Schlaf wiegen ☐
10. sich erheben ☐

## 2.3 Possessivpronomen

Das **Possessivpronomen** wird nur als Begleitwort des Substantivs verwendet und stimmt mit ihm in **Numerus** und **Kasus** überein. Es drückt dabei die Zugehörigkeit einer Person oder Sache zu einer anderen aus.
Das Bezugswort bestimmt, welches Possessivpronomen verwendet wird.

Beispiele: **mein** Füller = ein Füller, der **mir** gehört
**deine** Schule = eine Schule, in die **du** gehst

Die Possessivpronomen der 1. und 2. Person beziehen sich auf die entsprechenden Personalpronomen (ich/wir; du/ihr).

Beispiele: **Ich** kaufe mir ein neues Buch!
**Mein** Buch hat einen bunten Umschlag.
Kaufen **Sie** sich ein neues Buch!
Nehmen Sie **Ihr** Buch mit in den Urlaub!

Das Possessivpronomen der 3. Person bezieht sich auf ein Substantiv. Dabei entscheiden der Numerus und das Genus des Bezugswortes, welches Possessivpronomen verwendet wird.

Beispiele:

| **Bezugswort** | **Possessivpronomen** | | **Bezugswort** | **Possessivpronomen** | |
|---|---|---|---|---|---|
| der Mann | sein | ______ | die Männer | ihr | ______ |
| die Frau | ihr | ______ | die Frauen | ihr | ______ |
| das Kind | sein | ______ | die Kinder | ihr | ______ |

**Tipp:** Vermeide bei eigenen Texten, dass sich die Form „ihr" auf mehrere Substantive beziehen kann. Der Leser muss immer genau das Bezugswort erkennen können; sonst kommt es zu Missverständnissen.

### Aufgabe 4

**Wandle die Sätze in Ausdrücke mit dem passenden Possessivpronomen um.**

Beispiel: Er ist ihm bekannt → sein Bekannter

1. Er ist ein Mitschüler von mir. ______________________________
2. Sie besuchen dich. ______________________________

3. Sie bewundert ihn. ____________________

4. Ich habe Hunger. ____________________

5. Du hast diese Ansichten. ____________________

6. Ihr habt viele Vorschläge gemacht. ____________________

7. Wir grüßen herzlich. ____________________

8. Ich verabschiede mich. ____________________

## Aufgabe 5

**Setze die passenden Formen des Possessiv- und Personalpronomens ein.**

**Fußballregel Nr. 15 – Der Einwurf**

1. Der Spieler muss sein Gesicht dem Spielfeld zuwenden.
2. Er darf mit seinen Füßen entweder auf der Seitenlinie oder außerhalb von dem Feld stehen.
3. Beim Einwurf müssen sich seine beiden Hände über den Kopf befinden.
4. Dabei darf der Spieler den von ihm selbst eingeworfenen Ball nicht berühren.
5. Wenn der Spieler den Ball in das Tor geshossen eigenen Mannschaft wirft, wird auf Eckstoß entschieden.
6. Der Spieler darf den Einwurf wiederholen, wenn es ihm nicht gelingt, durch einen Einwurf den Ball ins Spielfeld zu befördern.

Das gilt auch für den Frauenfußball! Ersetze den Ausdruck „der Spieler" durch „die Spielerin" und verändere entsprechend die Pronomen.

## 2.4 Demonstrativ- und Indefinitpronomen

Das **Demonstrativpronomen** weist betont auf Substantive oder andere Pronomen hin. Es wird auf zweifache Weise verwendet:
Als **Begleitwort** steht es vor dem Substantiv und stimmt mit ihm in Kasus, Numerus und Genus überein.
Als **Stellvertreter** weist es auf ein Substantiv hin, das aus dem Textzusammenhang bereits bekannt ist.

Beispiele: Zwei Engländer fanden eine versunkene Stadt.
**Diese** (= die versunkene Stadt) barg ein großes Geheimnis.

### Formen des Demonstrativpronomens

| | Singular | | | Plural |
|---|---|---|---|---|
| Nominativ | dieser Baum | diese Wiese | dies(es) Haus | diese Bäume |
| Genitiv | dieses Baumes | dieser Wiese | dieses Hauses | dieser Bäume |
| Dativ | diesem Baum | dieser Wiese | diesem Haus | diesen Bäumen |
| Akkusativ | diesen Baum | diese Wiese | dies(es) Haus | diese Bäume |

Folgende Demonstrativpronomen solltest du kennen:
der, die, das – dieser, diese, dieses – derselbe, dieselbe, dasselbe – jener, jene, jenes – derjenige, diejenige, dasjenige

Das unbetonte Demonstrativpronomen „der, die, das" tritt nur als Stellvertreter für ein Substantiv auf; die anderen können sowohl als Begleiter wie als Stellvertreter des Substantivs auftreten.

Beispiele: Kommt Herr Müller morgen? **Das** weiß ich nicht.
Hast du Tom Bescheid gesagt? **Dem** habe ich nichts gesagt.

Verwechsle das Demonstrativpronomen „der, die, das" nicht mit dem bestimmten Artikel. Der Artikel tritt nur zusammen mit einem Substantiv auf, das Demonstrativpronomen kann auch allein stehen.

Das **Indefinitpronomen** weist auf Personen oder Dinge hin, die man nicht genau benennen will oder kann. Es **begleitet** oder **vertritt** im Satz ein Substantiv.

Beispiele: **Irgendjemand** hat Tom einen Hinweis gegeben.
(Es ist für das Geschehen unwichtig, wer es war.)
**Irgendjemand** hat mir mein Buch gestohlen.
(Ich weiß aber nicht, wer es war.)

Die Indefinitpronomen haben oft unvollständige Formen, weil nicht genau angegeben werden kann, wer oder was gemeint ist.

| | |
|---|---|
| Nur im **Singular** kommen vor: | jeder, mancher, ein solcher, (irgend)ein, niemand |
| Nur im **Plural** kommen vor: | alle, sämtliche, viele, etliche, (irgend)welche, mehrere, einige, wenige |
| Ihre Form verändern nicht: | man, etwas, nichts, ein paar. |

## Aufgabe 6

**Hier stimmt etwas nicht! Ersetze die Indefinitpronomen durch passendere.**

1. Müßiggang ist mancher ________________ Laster Anfang.
2. Allen ________________ Deutschen schmeckt Sauerkraut.
3. Mancher ________________ Held ist unsterblich.
4. Kein ________________ Schüler hat etwas Taschengeld.
5. Eine Schwalbe macht jeden ________________ Sommer.
6. Niemand ________________ ist seines Glückes Schmied.
7. Jede ________________ Morgenstund hat Gold im Mund.
8. Nach keiner ________________ Mahlzeit die Zähne putzen!

## Aufgabe 7

**Entscheide, ob es sich bei dem farbigen Wort um den bestimmten Artikel oder ein Pronomen handelt und schreibe in die Klammer die zutreffende Abkürzung: A(rtikel) oder Pr(onomen).**

**Die** ( ) ersten Eroberer **der** ( ) Inka-Städte waren Spanier. **Die** ( ) hatten von **den** ( ) unermesslichen Goldschätzen **der** ( ) Inkas gehört. **Denen** ( ) aber war **das** ( ) gelbe Metall nicht so wichtig wie **den** ( ) Weißen. **Deren** ( ) Gier nach Gold verschonte **die** ( ) sanften Wilden nicht. **Das** ( ) war **das** ( ) blutige Ende **des** ( ) großen Inka-Reiches.

## 2.5 Relativ- und Interrogativpronomen

Das Relativpronomen fügt einen Gliedsatz an ein Substantiv an. Es stimmt mit dem Bezugswort in **Genus** und **Numerus** überein. Den angefügten Gliedsatz nennt man Relativsatz.

Das Relativpronomen lautet wie das unbetonte Demonstrativpronomen:
**der, die, das.**
Daneben gibt es als Ersatzformen: **welcher, welche, welches; wer, was.**

| **Hauptsatz** | **Relativsatz** |
|---|---|
| Das ist ein **Buch**, | **das** ich unbedingt lesen wollte. |

Das Interrogativpronomen fragt nach Personen oder Dingen, die noch nicht bekannt sind, und verlangt eine Antwort.
Es **begleitet** oder **vertritt** im Satz ein Substantiv.

Das Interrogativpronomen lautet
- als **Begleitwort:** welcher …? welche …? welches …?
- als **Stellvertreter:** wer? was?

Das Interrogativpronomen leitet einen direkten oder indirekten Fragesatz ein. Den direkten Fragesatz erkennst du am Fragezeichen.

Beispiele: Wer (welcher Freund) kommt heute Abend?
Ich frage dich, wer (welcher Freund) heute Abend kommt.

## Aufgabe 8

**Kreuze jeweils den Relativsatz an, der zum farbigen Bezugswort passt.**

**Wortkreuzungen von Kurt Kusenberg**

1. Ein Giftzahnarzt ist ein **Arzt,**
   a) der Giftzähne gefallen ☐
   b) die Giftzähne ziehen ☐
   c) der einen Giftzahn hat ☐

2. Eine Löschblattlaus ist eine **Blattlaus,**
   a) der Löschblätter schmecken ☐
   b) das Löschblätter kaut ☐
   c) dem Löschblätter schmecken ☐

3. Eine Suppengrünanlage ist eine **Grünanlage,**
   a) auf dem Suppengrün wächst ☐
   b) auf denen Suppengrün wächst ☐
   c) auf der Suppengrün wächst ☐

4. Ein Fußballerstammtisch ist ein **Tisch,**
   a) auf der Fußballer tanzen ☐
   b) an dem Fußballer sitzen ☐
   c) von denen Fußballer erzählen ☐

## Aufgabe 9

**Wandle die Hauptsätze zu Relativsätzen um.**

Beispiel: Ich sehe einen Mann. Dem (ihm) gehört ein struppiger Dackel.
Ich sehe einen Mann, dem ein struppiger Dackel gehört.

Ich spreche von einem Dingsda,

1. Das hat einen großen Mund und lange Zähne.
2. Vor ihm bekommen die Menschen Angst.
3. Dessen Fußspuren sind so groß wie der Tisch.
4. Das gibt es gar nicht.
5. Im Moor gefällt es ihm am besten.

Zusatzfrage: Was ist nun eigentlich gemeint? ______________________

## Aufgabe 10

**Formuliere zu den Antworten entsprechende Fragesätze. Dazu musst du die Demonstrativ- oder Personalpronomen durch Interrogativpronomen ersetzen.**

**Schneewittchen und die Zwerge (leicht verändert)**

1. Frage: **Wer** hat von **meinem** Papptellerchen gegessen?

   Antwort: **Der** hat von **deinem** Papptellerchen gegessen.

2. Frage: ______________________________________________

   Antwort: Ihm hat dein Eis geschmeckt.

3. Frage: ______________________________________________

   ______________________________________________

   Antwort: Dessen Nase hat an deinem Pudding geschnuppert.

4. Frage: ______________________________________________

   ______________________________________________

   Antwort: Diese beiden Zwerge haben deine Pommes frites verdrückt.

5. Frage: ______________________________________________

   ______________________________________________

   Antwort: Mit dem ist dein Kartoffelsalat verschwunden.

# Online-Abschlusstest 2

Glückwunsch! Du hast das **Kapitel 2 – Pronomen** durchgearbeitet.
Dabei hast du die verschiedenen Arten von Pronomen kennen gelernt und erfahren, wie sie richtig verwendet werden.

So funktioniert der Online-Test:
Unter **www.notenimgriff.de** kannst du jetzt deinen Lernerfolg überprüfen.
Zu allen Themen dieses Kapitels werden dir Aufgaben gestellt. Wenn du sie bearbeitet hast, erhältst du am Ende des Tests eine Auswertung.

Willst du immer im Blick haben, welche Themen du schon kannst oder was du besser nochmals wiederholst? Dann übertrage deine Online-Ergebnisse unten in die Tabelle.
Du findest in der Tabelle alle Themen wieder, die du auch online bearbeitet hast.

Viel Erfolg beim Online-Test!

## Mein Ergebnis im Online-Test – Kapitel 2

| Thema | Mein Ergebnis |
|---|---|
| Personalpronomen | |
| Possessivpronomen | |
| Demonstrativ- und Indefinitpronomen | |
| Relativ- und Interrogativpronomen | |

# 3 Adjektive

## 3.1 Definition

Das **Adjektiv** bezeichnet **Eigenschaften** und **Merkmale** und kennzeichnet dadurch Lebewesen und Dinge, aber auch Handlungen, Vorgänge und Zustände. Im Satz kommt es vor allem in Verbindung mit Substantiven und Verben vor.

Für die Bildung der Formen ist es wichtig, wie es im Satz verwendet wird. Steht das Adjektiv **bei einem Substantiv**, wird es zusammen mit ihm **dekliniert** und stimmt mit ihm in Kasus, Numerus und Genus überein.

Beispiel: in den **dunklen Grabkammern** der ägyptischen Könige

Steht es **bei einem Verb oder einem Adjektiv**, bleibt es **endungslos** und verändert seine Form nicht.

Beispiel: Die Figürchen sehen **recht merkwürdig** aus.

## 3.2 Attributive Verwendung

Das **Adjektiv** kann als Beifügung bei einem Substantiv stehen. Man nennt es dann **attributives Adjektiv**.

Es bestimmt Lebewesen oder Dinge genauer, indem es ihre Eigenschaften und Merkmale nennt.

Beispiel: der bunte Papagei

### Formen des deklinierten Adjektivs

Die Formen des Adjektivs teilt man in die starke und schwache Deklination ein. Das hängt davon ab, ob vor dem Adjektiv ein Begleitwort steht.

**Starke Deklination des Adjektivs**

Das Adjektiv wird stark dekliniert, wenn vor ihm
a) kein Artikel oder
b) ein Begleiter ohne Endung steht. Endungslose Formen sind z. B. manch, solch, welch.

| **Singular** | Maskulinum | Femininum | Neutrum |
|---|---|---|---|
| Nominativ | großer Hut | große Hand | großes Haus |
| Genitiv | großen Hutes | großer Hand | großen Hauses |
| Dativ | großem Hut | großen Hand | großem Haus |
| Akkusativ | großen Hut | große Hand | großes Haus |
| **Plural** | | | |
| Nominativ | große Hüte | große Hände | große Häuser |
| Genitiv | großer Hüte | großen Hände | großer Häuser |
| Dativ | großen Hüten | großen Händen | großen Häusern |
| Akkusativ | große Hüte | große Hände | große Häuser |

**Schwache Deklination des Adjektivs**

Das Adjektiv wird schwach dekliniert, wenn vor ihm
a) ein Artikel oder
b) ein Begleiter mit Endung steht.

Das schwache Adjektiv hat nur zwei verschiedene Endungen, nämlich für den gesamten Nominativ und den Akkusativ Femininum und Neutrum Singular **-e**; für alle übrigen Formen **-en**.

Beispiele: Der große Hut (die große Hand, das große Haus) gefällt mir nicht.
Ich mag den groß**en** Hut (die große Hand, das große Haus) nicht.
Die Form des groß**en** Hutes (der groß**en** Hüte) gefällt mir nicht.
Dem groß**en** Haus (den groß**en** Häusern) fehlt die Farbe.

Kasus, Numerus und Genus des schwach deklinierten Adjektivs erkennst du nur am Begleiter, der davor steht.

Nach dem unbestimmten Artikel wird das Adjektiv im Nominativ und Akkusativ stark dekliniert.

Beispiele: Ein groß**es** Haus gefällt mir nicht.
Aber: Die Form eines groß**en** Hauses gefällt mir nicht.

## Aufgabe 1

**Stelle das Adjektiv vor das Substantiv, bilde die richtige Adjektivform und unterstreiche die Endung.**

**Aus einem Autotest**

a) Vorzüge:

Ladekante: tief

_______________________________________________

Gurt: verstellbar

_______________________________________________

Kofferraum: geräumig

_______________________________________________

Vordersitz: bequem

_______________________________________________

b) Nachteile:

Sechszylinder-Motor (lahm und laut) mit Leistung (schwach)

_______________________________________________

Reichweite (gering) durch Tank (klein)

_______________________________________________

Fahrverhalten (unsicher) bei Geschwindigkeiten (schnell)

_______________________________________________

Fahrsicherheit (mäßig) wegen Lenkung (schwammig)

_______________________________________________

## Aufgabe 2

**Wie viele Adjektive, die ein Substantiv begleiten, findest du? Unterstreiche und zähle.**

**Aus einem Urlaubsprospekt**

Manch erfahrener Mallorca-Kenner weiß es längst: Auf dieser schönen Insel haben wir für alle sonnenhungrigen Urlauber aus der sagenhaften Fülle die besten Angebote ausgewählt. Damit Ihre kostbaren Urlaubstage gelingen, bieten wir Ihnen die größte Auswahl: Sie reicht von der einfachen Pension bis zum gepflegten Hotel und stellt auch anspruchsvolle Gäste zufrieden. Genießen Sie die inseltypische Kochkunst. Es lohnt sich, die herzhaften Leckerbissen und die fangfrischen Fische aus dem Meer zu versuchen. Für jene aktiven Urlauber, die nicht nur faulenzen wollen, gibt es bei uns ganz tolle Möglichkeiten, die Sie woanders kaum finden werden.

## Aufgabe 3

**Verwende in den Zeilen mit dem Kennbuchstaben a) keinen Artikel, mit b) den bestimmten Artikel und mit c) den unbestimmten Artikel. (Ein Beispiel ist jeweils vorgegeben.) Ergänze die fehlenden Ausdrücke.**

**Aus einer Werbeanzeige für das schöne Portugal**

1. a) *Durch mildes Klima vielfältige Pflanzenpracht!*
   b) ______________________________
   c) ______________________________
2. a) ______________________________
   b) *Der süße Duft der tropischen Früchte in der unberührten Natur!*
   c) ______________________________
3. a) ______________________________
   b) ______________________________
   c) *Kunstvolle Bauwerke aus einer ruhmreichen Vergangenheit!*

## 3.3 Adverbiale und prädikative Verwendung

Das Adjektiv kann auch als Beifügung bei **Verben** oder **anderen Adjektiven** stehen. Man nennt es dann **adverbiales Adjektiv**. Du bestimmst dadurch ein Geschehen oder eine Eigenschaft genauer.
Das adverbiale Adjektiv erhältst du, wenn du im Satz die Frage: **Wie?** stellst. Es bleibt immer in der Grundform und **verändert sich nicht**.

Beispiele: **Wie** sehen die Pyramiden aus? **Groß** sehen sie aus.
**Wie groß** sehen die Pyramiden aus? **Sehr** groß.

Es ist manchmal schwierig, das undeklinierte Adjektiv vom Adverb zu unterscheiden. Im Deutschen gibt es nämlich, im Unterschied etwa zum Englischen, für das Adverb keine eigene Endung. Mit Hilfe der **Attributprobe** kannst du jedoch leicht feststellen, ob es sich um ein Adjektiv handelt oder nicht. Du versuchst, das fragliche Wort als Beifügung zu einem Substantiv zu verwenden. Dabei muss es sich deklinieren lassen.

Beispiel: Die Pyramiden sehen **groß** aus. - Die **großen** Pyramiden.
So stellten sich die Ägypter **damals** ihre Grabstätten vor.

**Damals** kann nicht als Adjektiv vor ein Substantiv gesetzt werden und ist deshalb Adverb. **Groß** dagegen ist ein Adjektiv.

Bei einigen Verben wie **„sein, scheinen, bleiben"** ist das Adjektiv eine notwendige Ergänzung des Prädikats, denn das Prädikat wird erst durch das Adjektiv vollständig. Man spricht dann vom **prädikativen Adjektiv**.
Es bleibt ebenfalls immer in der Grundform und **verändert sich nicht**.

Beispiel: Pyramiden, die mehr als 3000 Jahre … sind.
**Wie** sind sie?
Pyramiden, die mehr als 3000 Jahre **alt** sind.

Wenn du überprüfen willst, ob ein Adjektiv prädikativ verwendet wird, dann verändere den Numerus von Subjekt und Prädikat. Die Form des Adjektivs darf sich dabei nicht verändern.

Beispiel: Es wurde eine Figur gefunden, die mehr als 3000 Jahre **alt** ist.
Es wurden Figuren gefunden, die mehr als 3000 Jahre **alt** sind.

## Aufgabe 4

**a) Bilde sinnvolle Sätze, indem du zum Prädikat das passende Adjektiv aus der Liste wählst.**

**b) Wandle die Sätze 2, 4, 5 in Pluralsätze um.**

| | Verb | Adjektiv |
|---|---|---|
| 1. Das Wetter | ist | ärgerlich |
| 2. Das Haus | blieb | krank |
| 3. Meine Freundin | stand | hell |
| 4. Der Kühlschrank | wurde | unverändert |
| 5. Dein Bruder | war | rosa |
| 6. Die Sonne | schien | offen |

## Aufgabe 5

**Unterstreiche in folgendem Text das adverbiale Adjektiv einmal, das prädikative Adjektiv zweimal.**

**Gescheiter Blödsinn**

Dunkel war's, der Mond schien hell,
schneebedeckt die grüne Flur,
als ein Wagen blitzesschnell
langsam um die Ecke fuhr,
während ein erschoss'ner Hase
auf der Wiese Schlittschuh' lief.
Und auf einer roten Bank,
die blau angestrichen war,
saß ein blond gelockter Jüngling,
mit kohlrabenschwarzem Haar,
neben ihm 'ne alte Schachtel,
zählte kaum ein ganzes Jahr.

## Aufgabe 6

**Selbst bei diesen Unsinnssätzen kannst du unterscheiden, wie das Adjektiv verwendet wird. Schreibe die Adjektive in die richtige Spalte.**

Schwabbrige Golche
knuselten sich mit knostrigen Wabbeln,
die lupfig wurden,
durch den dapprichen Drösel.
Aber weil der Prutz zarblich war,
verstrosiperten sich die Trunkel
ölmisch und flitschig ins Schlumumpfel.

| attributiv | prädikativ | adverbial |
|---|---|---|
| | | |
| | | |
| | | |

## Aufgabe 7

**Mache die Attributprobe. Wandle die echten Adjektive in attributive Adjektive um. Bei Adverbien machst du einen Strich.**

Beispiel: Beachte die Regeln sorgfältig!
→ Die sorgfältige Beachtung der Regeln …

**Aus einer Gebrauchsanleitung**

1. Bitte kontrollieren Sie sofort den Paketinhalt.

   ______________________ Kontrolle des Paketinhalts

2. Vergleichen Sie sorgfältig die Einzelteile mit der Materialliste.

   ______________________ Vergleich der Einzelteile

3. Rufen Sie uns an und geben Sie die Ersatzteilnummern genau an.

   ______________________ Angabe der Ersatzteilnummern

4. Wir helfen Ihnen umgehend.

   ______________________ Hilfe

5. Beachten Sie beim Zusammenbau des Schrankes stets die Skizzen.

   ______________________ Beachtung der Skizzen

6. Wir beglückwünschen Sie herzlich zu Ihrem Erfolg!

   ______________________ Glückwunsch!

## Aufgabe 8

**Bilde die richtigen Adjektivformen und schreibe die Sätze in dein Heft. Bei zwei Adjektiven bestimmt jeweils das erste das zweite.**

**Aus dem Versandhauskatalog**

Zweiteiliger Jogging-Anzug aus **(hautsympathisch)** Baumwolle für **(sportlich, interessiert)** Mädchen.

**(Langärmelig)** Sweatshirt in **(großzügig)** Verarbeitung und **(lässig)** Schnitt, mit **(weich, gefüttert)** Schultern. Dazu eine **(aktuell, gemustert)** Hose.

## 3.4 Steigerung des Adjektivs

Das Adjektiv kann als einzige Wortart **gesteigert** werden. Die gesteigerte Form heißt auch **Vergleichsform,** weil man sie meist dazu verwendet, um Eigenschaften miteinander zu vergleichen. Zu einem vollständigen Vergleich gehört auch das richtige Vergleichswort. Der **Positiv** (= Grundform) steht, wenn zwei Eigenschaften gleich sind. Das Vergleichswort heißt „so … wie"

Beispiel: Carla ist **so** groß **wie** Jan.

Der **Komparativ** drückt aus, dass zwei Eigenschaften verschieden sind. Das Vergleichswort heißt „als".

Beispiel: Tom ist größer **als** Leni.

Der **Superlativ** bezeichnet die Eigenschaft, die im Vergleich zu anderen das höchste Ausmaß hat.

Beispiel: Oskar ist am größten.

### Formen der Vergleichsformen

Der **Positiv** hat keine eigenen Endungen. Der **Komparativ** hat die Endung **-er**.

Beispiel: Der Löwe ist klein**er** als der Elefant.

Manche einsilbigen Adjektive lauten zusätzlich den Stammvokal um.

Beispiel: warm – wärmer

Der **Superlativ** besitzt die Endung **-st**. Wird der Superlativ attributiv gebraucht, führt er immer den bestimmten Artikel bei sich.

Beispiel: Der Eiffelturm ist **das** berühmte**ste** Bauwerk Frankreichs.

Wird der Superlativ nicht **attributiv,** sondern **adverbial** oder **prädikativ** verwendet, wird ihm das Wörtchen „am" vorangestellt und die Endung **-(e)sten** angefügt.

Beispiel: Der Eiffelturm ist **am** berühmte**sten.**

Einige Adjektive werden unregelmäßig gesteigert.

| | | | |
|---|---|---|---|
| Beispiele: | gute Einfälle | bessere Einfälle | die besten Einfälle |
| | viel Geld | mehr Geld | am meisten Geld |

**Merke:**

Nicht alle Adjektive können gesteigert werden. Ein Adjektiv, das zu einer dieser vier Gruppen gehört, wird **nicht gesteigert**.

a) Es bezeichnet Eigenschaften, die sich nicht verändern.
Beispiel: ägyptische Götter

b) Es hat bereits die Bedeutung eines Superlativs.
Beispiel: einzigartige Bauweise

c) Es hat eine verneinte Bedeutung.
Beispiel: zeitlose Bauwerke

d) Es ist kein echtes Adjektiv, sondern ein Partizip.
Beispiel: die Hängenden Gärten der Semiramis

## Aufgabe 9

**Bilde Sätze nach folgendem Muster:**

Beispiel: jung – der Himalaja – alt – Harz
→ Die Alpen sind jünger als der Himalaja, aber älter als der Harz.

1. grob – Spinne – fein – Seeadler

   Der Kolibri baut ein … Nest … .

2. kalt – Wolf – warm – Frosch

   Das Murmeltier hat im Winter … Blut … .

3. dumm – Papagei – klug – Huhn

   Der Hund benimmt sich …

4. stark – Koalabär – schwach – Eisbär

   Der Pandabär ist … .

5. gut – Karpfen – schlecht – Antilope

   Der Affe sieht in der Nähe …

## Aufgabe 10

**Wandle die Komparative bzw. Superlative in den Positiv um. Denke daran, dass du manchmal auch das Vergleichswort ändern musst.**

Beispiel: Ich singe schöner als du. → Ich singe so schön wie du.

1. ICE fahren ist die schönste Art, bequemer ans Ziel zu kommen!
2. Mit der Lernmaske XYZ lernen Sie schneller als bisher!
3. XYZ-Lautsprecherboxen! Musik – begeisternder als im Konzertsaal!
4. Der NS 850 Ski-Schuh zeichnet sich durch höchsten Komfort aus!
5. 12 feinste Gebäcksorten für den verwöhntesten Gaumen!
6. Gönnen Sie sich die weitesten Flüge zu billigsten Preisen!
7. Unser Waschmittel bringt strahlenderes Weiß!

## Aufgabe 11

**Überlege dir, welche der farbigen Adjektive sich nicht steigern lassen. In welche Gruppe von Adjektiven gehören sie?**

**Aus einem Sportbericht**
Alle redeten vom Wetter, nur der **strahlende** Sieger nicht. Der erste Wettbewerb wurde zu einer **außergewöhnlichen** „Hitzeschlacht". **Gut** kam der **schwedische** Spitzensportler Thomas Wassberg mit den **besonderen** Verhältnissen zurecht. Er gewann damit die fünfte Goldmedaille bei **internationalen** Wettbewerben. Der **hohe** Favorit Gunde Svan endete **hoffnungslos** abgeschlagen auf einem der **letzten** Plätze. Im Ziel waren sich fast alle Teilnehmer **einig**: „Die **aufgeweichte** Spur, der **nasse** Schnee und die **schwere** Strecke – das war eines der härtesten Rennen über 30 km, das es je gab. Ein **absoluter** Wahnsinn!" Doch Wassberg meinte ganz **nüchtern**: „Ich fühlte mich **total fit**, es ist **optimal** gelaufen. Die **schwierigen** Bedingungen haben mir – anders als vielen Konkurrenten – **gut** gepasst. Es war nicht **ungünstig**, dass ich in der **vergangenen** Saison fast kein Rennen bestritten habe."

- Adjektive, die unveränderliche Eigenschaften bezeichnen
- Adjektive, die bereits superlativische Bedeutung haben
- Adjektive, deren Bedeutung verneint ist
- Adjektive, die von der Form her Partizipien sind

# Online-Abschlusstest 3

Super! Du hast das **Kapitel 3 – Adjektive** durchgearbeitet.
Du hast wiederholt, wie Adjektive verwendet werden (attributiv, adverbial oder prädikativ) und wie die Verwendung sich auf die Bildung der richtigen Form auswirkt. Außerdem weißt du nun, wie Adjektive gesteigert werden.

So funktioniert der Online-Test:
Unter **www.notenimgriff.de** kannst du jetzt deinen Lernerfolg überprüfen.
Zu allen Themen dieses Kapitels werden dir Aufgaben gestellt. Wenn du sie bearbeitet hast, erhältst du am Ende des Tests eine Auswertung.

Willst du immer im Blick haben, welche Themen du schon kannst oder was du besser nochmals wiederholst? Dann übertrage deine Online-Ergebnisse unten in die Tabelle.
Du findest in der Tabelle alle Themen wieder, die du auch online bearbeitet hast.

Viel Erfolg beim Online-Test!

## Mein Ergebnis im Online-Test – Kapitel 3

| Thema | Mein Ergebnis |
|---|---|
| (Attributive, adverbiale und prädikative) Verwendung des Adjektivs | |
| Steigerung des Adjektivs | |

# 4 Verben

## 4.1 Definition

Das **Verb** bezeichnet Handlungen, Vorgänge oder Zustände. Wie beim Substantiv verändert sich auch beim Verb die Wortform in einem Text. Das nennt man **konjugieren**. (Beim Substantiv spricht man vom Deklinieren.)

Jede konjugierte Verbform ist durch **fünf** Merkmale bestimmt.

Beispiel:

| | | |
|---|---|---|
| 1. Person | ich sehe | du s**iehst** |
| 2. Numerus | ich sehe | wir sehe**n** |
| 3. Modus | ich sehe | ich s**ähe** |
| 4. Tempus | ich sehe | ich s**ah** |
| 5. Genus des Verbs | ich sehe | ich **werde gesehen** |

Eine konjugierte Verbform nennt man auch **finit**.
Im Satz ist die finite Verbform immer das **Prädikat**.

## 4.2 Person und Numerus

In der finiten Verbform werden **Person** und **Numerus** ausgedrückt. Es gibt jeweils drei Personen im Singular und Plural. Die Person gibt an, wer oder was am Geschehen beteiligt ist, der Numerus, wie viele es sind.

Die 1. Person bezeichnet den Sprecher oder Schreiber des Textes;
die 2. Person den Hörer oder Leser.
Die 3. Person bezeichnet Personen oder Dinge, über die gesprochen oder geschrieben wird.

Die finite Verbform nennt man auch **Personalform**. Sie bildet im Satz das Prädikat und stimmt in Person und Numerus mit dem Subjekt überein.

Beispiel: 1. Person Singular: **Ich fahre** nach Indien.
2. Person Singular: **Du fährst** nach Indien.
3. Person Plural: Viele **Touristen fahren** nach Indien.

### Bildung der Personalformen

Bei einigen Verben ändert sich in der 2. und 3. Person Singular der Vokal der Stammsilbe.

Beispiel: ich schlafe – du schläfst – er, sie, es schläft

### Infinite Verbformen

Neben den **Personalformen** gibt es drei **infinite Verbformen**, die keine Person, sondern nur einen Vorgang oder Zustand bezeichnen.

1. **Infinitiv**
   Er bildet die Grundform des Verbs und gibt nur seine Bedeutung an.

   Beispiele: tanzen, erblühen, sein

2. **Partizip I** (= Partizip Präsens)
   Es drückt aus, dass ein Geschehen oder ein Zustand andauert. Es wird fast nur als Adjektiv verwendet.

   Beispiel: Ich sah viele **lachende** Kinder.

3. **Partizip II** (= Partizip Perfekt)
   Es bezeichnet den Abschluss eines Geschehens oder Zustands. Es dient vor allem dazu, zusammengesetzte Verbformen zu bilden.

   Beispiel: Die Häuser sind rosa **angemalt.**

   Es wird auch als Adjektiv verwendet und entsprechend dekliniert.

   Beispiel: Die Stadt Jaipur besteht aus rosa **angemalten** Häusern.

## Aufgabe 1

**Schreibe die Sätze um, indem du die Höflichkeitsform in die 2. Person Singular veränderst.**

Beispiel: Sie besichtigen → du besichtigst

**Aus dem Reiseprospekt**

Am vorletzten Tag der Traumreise fliegen Sie nach Katmandu, der Hauptstadt von Nepal. Dort müssen Sie Patan, die uralte Königsstadt, besuchen. Sie sehen herrliche Tempel mit prachtvollen Toreingängen. Und in Bodnath dürfen Sie den berühmten Buddha bestaunen, der in alle Himmelsrichtungen blickt. Wenn Sie mögen, können Sie sich in malerischen Cafés eine Ruhepause gönnen. Sie essen zuckersüßes Gebäck und nehmen honigsüßen Tee zu sich. Und in unserem First-Class-Hotel schlafen Sie in orientalischem Luxus. Diesen Tag vergessen Sie ganz sicher nicht.

## Aufgabe 2

**Ordne die infiniten Verbformen richtig in eine Tabelle ein.**

**Aus dem Reisebericht von Christoph Kolumbus**

Im weiteren Verlauf meiner Fahrt entdeckte ich eine große Siedlung, die **ausgedehnteste**, die wir bisher **vorgefunden** hatten. Ich sah, wie eine Horde nackter Eingeborener laut **schreiend** und ihre Furcht **einflößenden** Spieße **schwingend** zum Ufer **gelaufen** kam. Da ich mit ihnen **sprechen** wollte, gab ich Befehl, vor Anker zu **gehen**. Gleichzeitig hatte ich **angeordnet**, die Indianer mit den **mitgeführten** Kleinigkeiten zu **beschenken**. Anfangs gaben die **drohenden** Indianer zu **verstehen**, dass sie keineswegs **gesonnen** seien, die Weißen **landen** zu **lassen**. Als sie aber sahen, dass die Boote immer näher ans Land herankamen, ergriffen sie schnell **davonlaufend** die Flucht.

| Infinitiv | Partizip I | Partizip II |
|---|---|---|
| | | |

# Tempus

Mit Hilfe der **Tempusform** hast du die Möglichkeit, ein Geschehen zeitlich einzuordnen. Dabei gehst du immer von dem Augenblick aus, in dem du sprichst oder schreibst.

Es gibt drei Zeitstufen, in die du das Geschehen einordnen kannst:
Ein Geschehen, das **während der Sprechzeit** abläuft, liegt in der **Gegenwart**.
Ein Geschehen, das **zeitlich zurückliegt**, gehört zur **Vergangenheit**.
Ein Geschehen, das noch **zu erwarten ist**, liegt in der **Zukunft**.

Zu den drei Zeitstufen gehören jeweils zwei Tempusformen.

## Zeitstufe Gegenwart

1. Das **Präsens** drückt aus, dass ein Geschehen im Augenblick stattfindet. Es wird auch verwendet, wenn etwas zeitlos gültig ist. Mit entsprechenden Zeitangaben weist das Präsens auch in die Zukunft.

   Beispiele: Ich **singe** (gerade, jetzt, in diesem Augenblick).
   Ich **denke** (oft, immer wieder) an dich.
   Lügen **haben** (stets) kurze Beine. 2 x 2 **ist** (immer) 4.
   Heute Nachmittag **fliegen** wir nach Jaipur.

2. Das **Perfekt** stellt fest, dass ein Geschehen zwar in der Vergangenheit abgeschlossen ist, aber als Ergebnis für die Gegenwart wichtig ist („Ergebnis-Perfekt"). Es kommt oft zusammen mit dem Präsens vor und bezeichnet dann die Vorzeitigkeit.

   Beispiel: Ich **habe** (gestern) bis in die Nacht **gearbeitet**, und ich bin deshalb (nun, heute) müde.

   Im Süden Deutschlands wird das Perfekt auch verwendet, um von vergangenen Geschehnissen zu erzählen („Erzähl-Perfekt").

### Zeitstufe Vergangenheit

1. Das **Präteritum** bezieht sich auf ein vergangenes Geschehen. Du findest das Präteritum sehr häufig in Berichten oder Erzählungen.

   Beispiele: Ich **arbeitete** (gestern, damals) recht gerne.
   Es **war** einmal (vor langer, langer Zeit) ein König.

2. Das **Plusquamperfekt** kommt fast nur in Verbindung mit dem Präteritum vor und bezeichnet dann die Vorzeitigkeit.

   Beispiel: Nachdem ich **gearbeitet hatte**, war ich müde.

### Zeitstufe Zukunft

1. Das **Futur I** kündigt ein kommendes Geschehen an. Du kannst das Futur I auch verwenden, um einen Wunsch oder eine Vermutung auszusprechen. Oft wird es durch das Präsens mit Zeitangaben ersetzt.

   Beispiele: Wir **werden** bald wieder zu Hause **sein**.
   Du **wirst** jetzt deine Hausaufgaben **machen**!
   Das **wird** ganz schön teuer **werden**.

2. Das **Futur II** kommt im Deutschen sehr selten vor. Es bezeichnet ein abgeschlossenes Geschehen, das allerdings erst erwartet wird. Meist wird es durch das Ergebnis-Perfekt ersetzt.

   Beispiel: Wenn ich nach Hause **zurückgekehrt sein werde** (besser: bin), werde ich dir alles erzählen.

Mache dir noch einmal durch die Übersicht klar, wie die Zeitstufen und Tempusformen zusammenhängen.

| **Zeitstufen** | **Tempusformen** | |
|---|---|---|
| Gegenwart | Präsens | Perfekt |
| Vergangenheit | Präteritum | Plusquamperfekt |
| Zukunft | Futur I (Präsens) | Futur II (Perfekt) |

Dir ist sicher aufgefallen, dass die Zeitstufe etwas anderes ist, als das Tempus. Verwende deshalb für die Tempusformen die lateinischen Fachausdrücke und für die Zeitstufen die deutschen.

## Aufgabe 3

**Nummeriere die Sätze in der richtigen zeitlichen Reihenfolge. Um es dir einfacher zu machen, haben wir den ersten und letzten Satz vorgegeben!**

**Elefantenschule**

| | |
|---|---|
| 8 | dürfen sie später als Paradetiere bei religiösen Festen auftreten. |
| | Nachdem man sie eingefangen hatte, |
| | muss büßen. |
| | Das bekamen einige indische Elefanten zu spüren, |
| | Wenn sie „anständiges Benehmen gegenüber den Menschen" gelernt haben, |
| | die in den letzten Wochen großen Schaden angerichtet hatten. |
| | mussten sie drei Wochen lang eine „Elefanten-Schule" besuchen. |
| 1 | Wer sich zu wild gebärdet, |

## Aufgabe 4

**Stelle fest, zu welcher Zeitstufe das Tempus jeweils gehört, und trage die entsprechende Satznummer ein.**

**Krawattenrekord**

1. Umberto Sala, italienischer Textilfabrikant, **hat** dem Schiefen Turm von Pisa den größten Schlips der Welt **verpasst**.
2. Dazu **verwendete** er eine 44 m lange Stoffbahn in den italienischen Nationalfarben.
3. Für den Knoten **brauchte** er mehrere Tage.
4. Sala **plant** ein noch größeres Schlips-Abenteuer.
5. Als Nächstes **wird** er der New Yorker Freiheitsstatue an den Hals **gehen**.

| Zeitstufe | Satznummer |
|---|---|
| Vergangenheit: | ____________ |
| Gegenwart: | ____________ |
| Zukunft: | ____________ |

## Bildung der Tempusformen

Jedes Verb hat **drei Stammformen,** mit denen du alle Tempusformen bilden kannst:

| | | |
|---|---|---|
| 1. Infinitiv | = Präsensstamm | besichtigen |
| 2. 1. Person Sing. Prät. | = Präteritumstamm | (ich) besichtigte |
| 3. Partizip II | = Perfektstamm | besichtigt |

Die Verben bilden die Tempusformen auf verschiedene Weise. Man unterscheidet die **starke, schwache** und **unregelmäßige Konjugation.** Zu welcher Konjugationsklasse das jeweilige Verb gehört, siehst du an der 2. und 3. Stammform.

**2. Stammform (= Präteritumstamm)**

Die **starken** Verben verändern den Stammvokal. Bei manchen Verben kannst du den veränderten Stammvokal auch am dazugehörenden Substantiv sehen.

Beispiel: binden – das Band – (ich) band

Die **schwachen** Verben bilden das Präteritum mit der Silbe **-te**.
Die **unregelmäßigen** Verben verändern den Stammvokal und fügen gleichzeitig die Silbe **-te** der schwachen Verben an.

**3. Stammform (= Perfektstamm)**

Den Perfektstamm erkennst du bei allen Verben an der Vorsilbe **ge-**.
Alle starken Verben haben im Perfektstamm die Endung **-en**, die schwachen und die unregelmäßigen die Endung **-t**. Aufpassen musst du bei Verben, die bereits eine Vorsilbe haben. Wenn sie betont ist, wird die Silbe ge- danach eingeschoben; wenn die Vorsilbe unbetont ist, entfällt das ge-.

| | | |
|---|---|---|
| Beispiele: | besichtigen | besichtigt |
| | vorsorgen | vor-ge-sorgt |

Mit Hilfe der Stammformen kannst du alle Tempusformen bilden. Dabei unterscheidet man die **einfachen** von den **zusammengesetzten** Formen.

## Einfache Tempusformen

Die einfachen Tempusformen werden durch das Vollverb allein gebildet.
Nur das **Präsens** und das **Präteritum** haben einfache Tempusformen. Einige Verben bilden ein starkes und ein schwaches Präteritum mit unterschiedlicher Bedeutung.

Beispiele: Der Bauer trinkt. Der Bauer trank.
Der Bauer gab seinem Vieh zu trinken. Der Bauer tränkte sein Vieh.

### Zusammengesetzte Tempusformen

Alle mehrteiligen Verbformen bildet man aus einem **finiten Hilfsverb** und **infiniten Formen,** die sich nicht verändern. Als Hilfsverben dienen die Verben **werden, sein, haben.**

Achte auf die richtige Stellung der Verbform im Satz! Im Hauptsatz steht das finite Hilfsverb an zweiter Stelle und die infiniten Verbformen am Ende des Satzes. Sie bilden so die **Satzklammer**. Im Gliedsatz befindet sich das finite Hilfsverb am Ende und die finite Verbform davor.

Beispiele: Ich **werde** im Prunkbett des Maharadschas **schlafen.**
Ich freue mich darauf, dass ich im Prunkbett **schlafen werde.**

**Tempusformen mit dem Hilfsverb „werden"**

**Futur I:** „werden" + 1. Stammform

Beispiel: Wir **werden** nach London **fliegen.**

**Futur II:** „werden" + 3. Stammform + „haben/sein"

Beispiel: Bis Weihnachten **werde** ich meine Noten **verbessert haben.**

**Tempusformen mit dem Hilfsverb „haben/sein"**

**Perfekt:** „haben/sein" + 3. Stammform

Beispiel: Ich **bin** in London sehr spät **angekommen.**
Ich **habe** im Bett eines Maharadschas **geschlafen.**

**Plusquamperfekt:** „hatte/war" + 3. Stammform

Beispiel: Nachdem wir den Tower **besichtigt hatten**, aßen wir.

## Aufgabe 5

**Verwandle im ersten Satz jeweils die Präsensformen in Klammern in Präteritumformen und setze im zweiten Satz das passende Substantiv ein.**

**Auf dem Reiterhof**

1. Ganz früh am Morgen **(reiten)** ______________ wir mit unseren Pferden aus. Welch ein herrlicher ______________ über die grünen Wiesen!
2. Über einem Hindernis **(reißt)** ______________ sich Brigitte die Hose auf. Den ______________ nähte danach ihre Mutter mit einem Flicken zu.
3. Auf dem Turnierplatz **(streichen)** ______________ Anna und Lena die Hindernisse an.
   Der Trainer lobte sie: „Den ______________ habt ihr gut hinbekommen."
4. Dabei **(pfeift)** ______________ er anerkennend durch die Zähne. Aber es war nur ein leiser ______________, den die anderen leider nicht hörten.
5. Im Stall **(greift)** ______________ Martin dem Schimmel in die dicke Mähne. Aber den ______________ bemerkte der Schimmel gar nicht.
6. Nur ein kleines Tierchen **(flieht)** ______________ springend davon. Kaum zu glauben. Es war ein ______________!

## Aufgabe 6

**Wandle die Präsensformen in Präteritumformen um.**

1. Die Arbeiter fällen den Baum, und dann fällst du darüber.

2. Noch schwimmen Fische im Wasser. Aber wer schwemmt das Gift heraus?

3. Alle Wege führen nach Rom, deshalb fahren wir auch nach Rom.

4. Du beugst das Substantiv. Ich biege den Stahl.

5. Das Kind setzt sich auf den Stuhl. Dann sitzt es da und guckt.

## Aufgabe 7

**Schreibe den Text ab. Wandle dabei die Präsensformen in Perfektformen um.**

### Wie der FC Bayern Meister geworden ist

Meistertitel sammeln die Münchner Bayern am Fließband. Der Lorbeer der Konkurrenz verwelkt. Titel in Serie: Keinem gelingt das bisher. Und keiner begrüßt mehr Zuschauer, keiner verdient mehr, keiner gewinnt häufiger und bleibt länger ungeschlagen. Der FC Bayern verleiht der Bundesliga Glanz. Was kann die Mannschaft dafür, dass die Gegner so schwach auf der Brust sind? Gleich zu Beginn setzen sich die Münchner an die Spitze, zu früh, wie der Trainer findet.

## 4.4 Genus des Verbs (Aktiv und Passiv)

Mit dem **Genus des Verbs** drückst du aus, wie du das Geschehen betrachtest. Verwechsle es daher nicht mit dem Genus des Substantivs.

Mit dem **Aktiv** drückst du aus, dass das Subjekt im Mittelpunkt steht.

Beispiel: Ich lobe dich. (= Sehrichtung auf das handelnde Subjekt)

Im **Passivsatz** steht der Vorgang im Mittelpunkt.

Beispiel: Ich werde gelobt. (= Sehrichtung auf den Vorgang)

Die Passivformen werden aus dem Hilfsverb „werden“ bzw. „sein“ und der 3. Stammform zusammengesetzt. Dabei ändert sich nur das Hilfsverb.

**a) Tempusformen mit dem Hilfsverb „werden“**

| | |
|---|---|
| Präsens: | Ich **werde** überall **bestaunt**. |
| Präteritum: | Ich **wurde** überall **bestaunt**. |
| Futur I: | Ich **werde** überall **bestaunt werden**. |
| Futur II: | Ich **werde** überall **bestaunt worden sein**. |

Dir ist sicher aufgefallen, dass das Präsens Passiv ebenso wie das Futur I Aktiv das Präsens des Hilfsverbs „werden“ verwendet. Die Formen kannst du aber leicht unterscheiden. Sieh immer auf die infinite Form und erinnere dich: Nur das Futur I Aktiv hat einen Infinitiv bei sich!

| | | |
|---|---|---|
| Beispiele: | Futur I Aktiv: | Ich **werde** den Tower in London **besichtigen**. |
| | Präsens Passiv: | Paris **wird** von vielen Menschen **besichtigt**. |

**b) Tempusformen mit dem Hilfsverb „sein“**

| | |
|---|---|
| Perfekt: | Ich **bin bestaunt worden**. |
| Plusquamperfekt: | Ich **war bestaunt worden**. |

Das **Zustandspassiv** rückt einen Zustand in den Mittelpunkt. Es besteht aus einer Personalform von „sein“ + Partizip.

| | |
|---|---|
| Präsens: | Die Häuser **sind** rosarot **angemalt**. |
| Präteritum: | Die Häuser **waren** rosarot **angemalt**. |

## Aufgabe 8

**Bestimme Tempus und Genus der Verbformen.**

**Eine alte Wikingersiedlung in Norddeutschland**
Bei der Stadt Schleswig **liegt** eine der ältesten Siedlungen Deutschlands. Hier **befand** sich einst ein bedeutsamer Hafen der Wikinger. Er **wurde** öfters Opfer von Raubüberfällen. Im Jahre 1066 **war** die Stadt fast völlig **zerstört worden**. Aber immer noch **werden** beim alten Hafens Ausgrabungen **gemacht**. Erst kürzlich **hat** man einen Runenstein **entdeckt**, in den altgermanische Schriftzeichen **eingemeißelt** sind.

## Aufgabe 9

**Bestimme das Genus des Verbs mit folgenden Abkürzungen:**
**A = Aktiv, VP = Vorgangspassiv, ZP = Zustandspassiv.**

**Die Höhle von Lascaux: Ein Blick in die Steinzeit**

1. Nur durch einen Zufall wird 1940 die Höhle von Lascaux entdeckt. (     )
2. In ihr gibt es Malereien, die vor 17 000 Jahren entstanden sind. (     )
3. Die schönsten Bilder wurden in einem engen Gang gefunden. (     )
4. Besonders rätselhaft ist der Mann mit dem Vogelkopf. (     )
5. Noch heute ist der Ort von einem geheimen Zauber erfüllt. (     )

## Aufgabe 10

**Bestimme das Tempus und das Genus mit folgenden Abkürzungen:**
**PrA = Präsens Aktiv, PrP = Präsens Passiv, FA = Futur I Aktiv.**

**Praktische Hinweise für eine Flugreise**
1. Immer mehr wird das Flugzeug das ideale Verkehrsmittel (     ), um von Europa in ferne Länder zu kommen.
2. Nach Indien werden auch zahlreiche Charterflüge angeboten (     ).
3. Dadurch wird der Urlaub billiger (     ); da wird man gerne auf einigen Komfort verzichten (     ).
4. Damit Ihr Urlaub ein Genuss wird (     ), wenden Sie sich an Ihr Reisebüro.
5. Dort wird man Sie freundlich beraten (     ); außerdem werden alle Formalitäten zuverlässig erledigt (     ).

# 4.5 Modus

Der **Modus** bezieht sich auf den ganzen Satz und gibt an, wie die Satzaussage zu verstehen ist. Es gibt drei Modi: Indikativ, Konjunktiv und Imperativ.

**a) Indikativ**

Du verwendest ihn, wenn du ein Geschehen als tatsächlich darstellst. Das gilt auch, wenn du z. B. Geschichten erfindest.

Beispiele: Es **ist** (tatsächlich) wundervoll hier.
Es **war** einmal ein König.

**b) Konjunktiv**

Durch ihn drückst du aus, dass du keine Aussage über Tatsachen machen willst oder kannst. Dabei musst du zwischen dem **Konjunktiv I** und **II** unterscheiden:

Der Konjunktiv I bezeichnet eine Anweisung oder einen Wunsch. Er dient auch dazu, eine Aussage einzuschränken. Dies ist z. B. nötig, wenn du die Sätze einer anderen Person wiedergibst.

Beispiel: Man **nehme** ein Pfund Mehl und drei Eier!

Den Konjunktiv II nimmst du, wenn du klarmachen willst, dass das Geschehen nur gedacht ist und sich in Wirklichkeit nicht ereignet.

Beispiel: Es **wäre** schön, wenn du hier sein **könntest**!

**c) Imperativ**

Durch ihn drückst du einen Wunsch oder eine Aufforderung aus.

Beispiel: **Stell** dir vor: Ich reite auf einem Elefanten!

### Bildung der Modalformen

a) Der **Indikativ** hat kein eigenes Moduszeichen.

b) Die Formen des **Imperativs** kannst du leicht von den Indikativformen ableiten. Es gibt nur drei Möglichkeiten:

| | Singular | Plural | Höflichkeitsform |
|---|---|---|---|
| **Imperativ:** | Stell(e) dir vor! | Stellt euch vor! | Stellen Sie sich vor! |

Einige Verben verändern beim Imperativ den Stammvokal und hängen kein **-e** an.

| Beispiel: | Grundform | (2. P. S. Ind. A.) | Imperativ Singular |
|---|---|---|---|
| | befehlen | (du befiehlst) | Befiehl! |

c) Der **Konjunktiv I** unterscheidet sich vom Indikativ Präsens nur in der 3. Person Singular.

Beispiel: Indikativ: er, sie, es lach**t** Konjunktiv I: er, sie, es lach**e**

Der **Konjunktiv II** unterscheidet sich nur bei einigen starken Verben vom Indikativ Präteritum.

| Beispiel: | ich **flog** | ich **flöge** |
|---|---|---|
| | ich **war** | ich **wäre** |

### Hinweise zum Gebrauch der Konjunktivformen

Da der Indikativ im Präsens mit dem Konjunktiv I gleich lautet, wird meist die Form des Konjunktivs II als Ersatzform benutzt.

| **Indikativ** | **Konjunktiv I** | **Ersatzform** |
|---|---|---|
| wir besichtigen | wir besichtigen | wir besichtigten |

Da der Indikativ im Präteritum mit dem Konjunktiv II gleich lautet, wird er mit „würde" umschrieben.

## Aufgabe 11

**Verändere das Salatrezept, indem du die Aufforderungen abschwächst und das unpersönliche „man" mit dem Konjunktiv I verwendest.**

Beispiel: Nehmen Sie … ! → Man nehme …

**Kopfsalat**

1. Reiben Sie die Schüssel mit einer Knoblauchzehe aus.
2. Zerkleinern Sie die Zutaten für die Soße, verrühren Sie diese und lassen Sie alles etwas ziehen.
3. Gießen Sie die Soße über den Salat und mischen Sie rasch durch.
4. Richten Sie den Salat erst kurz vor dem Verzehr an.
5. Tipp: Schütteln Sie die Soße in einem Schraubglas kräftig durch.

## Aufgabe 12

**Ein indischer Fremdenführer erzählt:**

1. Das Taj Mahal ist das schönste Grabmal der Erde.
2. Es wird von keinem anderen Bauwerk an Glanz und Pracht übertroffen.
3. Ein indischer Kaiser hat es für seine verstorbene Frau erbaut.
4. Dieses Grabmal soll den Menschen als ein Mahnmal für die Macht der Liebe dienen.
5. Der Kaiser hat 20 000 Arbeiter beschäftigt und zwei Jahre benötigt, um das Bauwerk fertig zu stellen.
6. Er hat auch vorgehabt, für sich selbst ein pechschwarzes Grabmal errichten zu lassen.
7. Sein Wunsch ist es gewesen, die beiden Grabstätten durch eine silberne Brücke zu verbinden.
8. Sein Sohn aber hat ihn in einer nahe gelegenen Festung einsperren lassen.

**Schränke die Aussagen des Fremdenführers ein, indem du statt der Indikativformen Konjunktiv I-Formen einsetzt:**

*Man sagt,*

1. ____________________

2. ____________________

3. ____________________

*Man vermutet,*

4. ____________________

5. ____________________

6. ____________________

*Man erzählt sich,*

7. ____________________

8. ____________________

## Aufgabe 13

**Wandle folgende Behauptungen ins Gegenteil um. Beginne jeden Satz mit „Es wäre schön, wenn …".**

Beispiel: Im Winter ist es kalt.
→ Es **wäre** schön, wenn es im Winter **warm wäre.**

1. Der Nürnberger Trichter funktioniert nicht.
2. Die Stühle in der Schule sind nicht gepolstert.
3. Am Wandertag fahren die Schüler nicht nach Indien.
4. Die Regeln der Grammatik lernt man nicht im Schlaf.
5. Für die Teilnahme am Unterricht bekommt keiner 50 €.
6. Die deutschen Schüler haben in Europa die kürzesten Ferien.

## Aufgabe 14

**Wandle die Höflichkeitsform (zusammen mit den Pronomen) in die 2. Person Singular um.**

Beispiel: Sie lernen → du lernst

**Die Sterne sagen immer die Wahrheit (oder auch nicht)**

| | | | |
|---|---|---|---|
|  **Zwilling** | Sie lernen eine wichtige Persönlichkeit kennen. Schlagen Sie eine Bitte um Hilfe nicht ab. Geben Sie Ihrem Gefühl nach und helfen Sie ohne Bedenken. |  **Löwe** | Vergessen Sie Ihre Freunde nicht und zeigen Sie ihnen, wie wichtig sie Ihnen sind. Morgen fühlen Sie sich so wohl wie schon lange nicht mehr. |
|  **Waage** | Ein großer Wunsch geht in Erfüllung. Werfen Sie Ihre Hemmungen ab. Laden Sie Freunde ein und feiern Sie. |  **Skorpion** | Sie spüren leise Wehmut, wenn Sie an einen bestimmten Menschen denken. Melden Sie sich doch einfach bei ihm. |
|  **Schütze** | Lassen Sie sich zu nichts überreden, was Sie anstrengt. Nehmen Sie sich nichts vor, was Ihre Kräfte übersteigt. Werfen Sie nicht Ihre guten Vorsätze über Bord. |  **Wassermann** | Schreiben Sie mal auf, was Sie sich noch vorgenommen haben. Sehen Sie den Schwierigkeiten ins Auge. |

## 4.6 Modalverb

Das **Modalverb** bestimmt die **Art und Weise eines Geschehens** genauer.
Es gibt sechs Verben, die als Modalverben verwendet werden:

| Modalverb | Art des Geschehens | Beispiele |
|---|---|---|
| können | möglich | Ich kann schwimmen. |
| müssen | notwendig | Ich muss lernen. |
| wollen | beabsichtigt | Ich will fernsehen. |
| sollen | erwartet | Ich soll abwaschen. |
| dürfen | erlaubt | Ich darf ins Kino gehen. |
| mögen | erwünscht | Ich mag tanzen. |

**Achtung:**
Verwechsle das Modalverb nicht mit dem Modus des Verbs. Das Modalverb bestimmt die Art des Geschehens, der Modus die Art der Aussage.

Beispiel: **Sollte** es zu viel verlangt sein, wenn du vielleicht so nett sein **könntest** und mir das letzte Brötchen mit viel Butter und noch mehr Marmelade herüberreichen **wolltest**, auf dass es mir wohl bekommen **möge**. (Vornehm!)

Die Modalverben bilden kein Passiv und keinen Imperativ.

## Aufgabe 15

**Wandle die vorgegebenen Sätze sinngemäß in Sätze mit Modalverben um.**

Beispiel: Es wird erwartet, dass das Paket frühzeitig zum Postamt gebracht wird.
→ Das Paket **soll** frühzeitig zum Postamt gebracht werden.

**Wichtige Hinweise der Post auf einer Paketkarte**

1. Es ist vorgeschrieben, dass dem Paket eine Paketkarte beigelegt wird.

______________________________

______________________________

2. Es ist erlaubt, dass bis zu 10 Pakete an denselben Empfänger auf einer Paketkarte zusammengefasst werden.

______________________________

______________________________

3. Es wird erwartet, dass für die Aufschrift des Pakets der amtliche Klebezettel verwendet wird.

______________________________

______________________________

4. Es ist nicht erlaubt, Paketkarten für Paketaufschriften zu verwenden.

______________________________

______________________________

5. Es wird verlangt, dass die Aufschrift des Pakets in allen Angaben mit der Paketkarte übereinstimmt.

______________________________

______________________________

## Aufgabe 16

**Schreibe jeweils die entsprechende Ziffer zu den passenden Stichwörtern.**

**Umfrage: „Was muss ein richtiges Münchner Wirtshaus bieten (1)?"**

Liesl Müller, Industriekauffrau

„Bodenständig und gemütlich müssen die Wirtshäuser sein (2). Knödel, Weißwürst' und ein gutes Bier dürfen nicht fehlen (3)."

Josef Engel, Unternehmensberater

„Bäuerlich müssen sie sein (4). Auf das bayerische Essen will ich nicht verzichten (5). In einer anständigen Gaststätte soll es Schweinebraten und Krautsalat geben (6)."

Erika Meier, Arzthelferin

„Eine richtige Gaststätte muss billig sein (7) und viele Stammgäste haben (8). In den alten Wirtshäusern kann man in Ruhe sein Bier trinken (9). Die Bedienungen sollen schon Dirndl tragen (10). Und ein gutes Tellerfleisch muss auf der Karte stehen (11)."

Felix Faulstich, Jurist

„Ich will mich in unseren Wirtshäusern wohl fühlen (12). Die Bedienungen sollen fesche Dirndl tragen (13). Selbstbedienung mag ich nicht (14)."

Folgende Handlungen, Vorgänge oder Zustände sind

| | |
|---|---|
| erlaubt: ______________ | nicht erlaubt: ______________ |
| notwendig: ______________ | nicht notwendig: ______________ |
| beabsichtigt: ______________ | nicht beabsichtigt: ______________ |
| erwartet: ______________ | nicht erwartet: ______________ |
| möglich: ______________ | nicht möglich: ______________ |
| erwünscht: ______________ | nicht erwünscht: ______________ |

# Online-Abschlusstest 4

Toll! Du hast das **Kapitel 4 – Verben** durchgearbeitet.
Dabei hast du wiederholt, was ein Verb ist und dass es konjugiert wird.
Du kennst jetzt die fünf Merkmale, die die konjugierte Verbform bestimmen – Person, Numerus, Modus, Tempus und Genus.

So funktioniert der Online-Test:
Unter **www.notenimgriff.de** kannst du jetzt deinen Lernerfolg überprüfen.
Zu allen Themen dieses Kapitels werden dir Aufgaben gestellt. Wenn du sie bearbeitet hast, erhältst du am Ende des Tests eine Auswertung.

Willst du immer im Blick haben, welche Themen du schon kannst oder was du besser nochmals wiederholst? Dann übertrage deine Online-Ergebnisse unten in die Tabelle.
Dort findest du alle Themen wieder, die du auch online bearbeitet hast.

Viel Erfolg beim Online-Test!

## Mein Ergebnis im Online-Test – Kapitel 4

| Thema | Mein Ergebnis |
|---|---|
| Die Personalform des Verbs | |
| Die Zeitform des Verbs (Tempus) | |
| Aktiv und Passiv | |
| Modus des Verbs<br>(Indikativ, Konjuktiv, Imperativ) | |
| Modalverben | |

# 5 Adverbien

## 5.1 Definition

Das **Adverb** bestimmt ein Geschehen oder Personen und Gegenstände genauer und macht nähere Angaben zum ganzen Satz.

Beispiele: Ich blieb mit meinem Schiff weiterhin auf Kurs Südwest.
= Angaben zu einem Geschehen

Wir litten unter Seegang, mehr als zuvor.
= Angaben zu einem Satz

Im Unterschied zum Adjektiv verändert das Adverb nie seine Form und steht im Satz alleine.

Die Adverbien lassen sich nach der **„temporalen“**, **„lokalen“**, **„modalen“** und **„kausalen“** Sinnrichtung unterscheiden.

## 5.2 Temporale Sinnrichtung

Die **temporalen Adverbien** drücken zeitliche Umstände aus.
Sie geben Auskunft auf die Fragen: **Wann? Seit wann? Wie lange? Wie oft?**

Beispiel: Um 10 Uhr **abends** wurden im Mittelalter die Stadttore geschlossen.

## Aufgabe 1

**Bringe die einzelnen Handlungen in die zeitliche Ordnung, indem du die Sätze richtig durchnummerierst.**

**Wie man in der Spanischen Hofreitschule das erste Mal ein Pferd besteigt**

- 1 Zunächst wird der junge Hengst in die Mitte der Reithalle geführt.
- ☐ Jetzt wird der Reiter dicht neben dem Pferd mehrmals hochgehoben.
- ☐ Hierauf lässt der Reiter ganz langsam sein Gewicht auf den Sattel nieder.
- ☐ Unterdessen ist der Reiter unauffällig neben das Pferd getreten.
- ☐ Zugleich muss das Pferd ein paar Schritte nach vorwärts tun und das ganze Gewicht des Reiters tragen.
- ☐ Dann hebt der Reiter vorsichtig erst das eine Bein über den Sattel.
- ☐ Einstweilen stützt er sich lediglich auf den Sattel, ohne sich hinzusetzen.
- 8 Zuletzt zieht der Reiter das zweite Bein nach und sitzt auf dem jungen Pferd, ohne es erschreckt zu haben.

## Aufgabe 2

**Unterstreiche die temporalen Adverbien und die Verben, auf die sie sich beziehen.**

**Sprüche aus dem Poesiealbum**

1. Was ein Häkchen werden will,
krümmt sich beizeiten.
Dein Turnlehrer

2. Jedes Mal, wenn die Schule beginnt,
packt mich sofort die Schlafkrankheit.
Mitschüler Kalle

3. Wer mit dem Leben spielt,
kommt nie zurecht,
wer sich nicht selbst befiehlt,
bleibt immer ein Knecht.
Dein Religionslehrer

4. Wenn einst in fernen Tagen
mein Name wird genannt,
dann kannst du sehr wohl sagen:
Die hab ich auch gekannt.
Mutter

5. Manchmal ereignet sich im Augenblick,
was man bislang erhofft hat.
(Römische Weisheit)
Dein Lateinlehrer

## 5.3 Lokale Sinnrichtung

Die **lokalen Adverbien** machen Angaben zu den räumlichen und örtlichen Verhältnissen (Standort, Herkunft, Richtung). Du findest sie sehr häufig bei Verben der Bewegung.
Sie antworten auf die Frage: **Wo? Wohin? Woher?**

Beispiel: Ich reiste von Rom aus **nach** Ägypten.

### Aufgabe 3

**Setze die folgenden lokalen Adverbien in die passenden Sätze ein:**

**hinauf und hinunter – hin und her – vor und zurück – hier und dort – oben und unten – drunter und drüber**

1. Beim Tennisspielen fliegt der Ball immer

   ____________________________________________.

2. Beim Schwimmen geht es im Wasser

   ____________________________________________.

3. Beim Klettern muss der Bergsteiger

   ____________________________________________.

4. Beim Fechten springt man

   ____________________________________________.

5. Beim Drachenfliegen ist man bald

   ____________________________________________.

6. Beim Ringen liegt der eine ______________________________

   der andere ______________________________.

## Aufgabe 4

**Ordne die Adverbien dem passenden Stichwort zu.**

**Ein einfaches Spiel mit zwei Würfeln**

1. Jeder Spieler schreibt anfangs die Zahlen 2 – 12 nebeneinander auf ein Papier.
2. Dann beginnt derjenige, der oben am Tisch sitzt.
3. Nun würfelt jeder und streicht sogleich die entsprechende Zahl durch.
4. Ist eine Zahl bereits durchgestrichen, geht der Würfel an den links sitzenden Mitspieler.
5. Die Zahlen 2 und 12 dürfen mehrmals durchgestrichen werden.
6. Wer zuerst alle Zahlen auf dem Papier durchgestrichen hat, ist Sieger.

| temporale Adverbien: | lokale Adverbien: |
| --- | --- |
| ______________________ | ______________________ |
| ______________________ | ______________________ |
| ______________________ | ______________________ |
| ______________________ | ______________________ |
| ______________________ | ______________________ |
| ______________________ | ______________________ |

## 5.4 Modale Sinnrichtung

Die **modalen Adverbien** machen Angaben zu den näheren Begleitumständen eines Geschehens. Außerdem kannst du mit ihnen den Satz insgesamt beurteilen.
Sie beantworten folgende Fragen:
**Wie? Wie sehr? Inwiefern? Auf welche Art und Weise? In welchem Maße? Im Vergleich wozu?**

| | |
|---|---|
| Beispiele: | Wir freuen uns **sehr** auf den Ausflug. |
| | Es schien **so**, als wäre die Tür eben erst zugefallen. |

### Aufgabe 5

**Stelle fest, wie das Adverb die Aussage näher bestimmt, und setze in die Klammer hinter dem jeweiligen Adverb das passende Zeichen.**

| | |
|---|---|
| (+) bedeutet | Erweiterung, Ergänzung, Hervorhebung |
| (–) | Einschränkung, Unbestimmtheit |
| (x) | Gegensatz, Widerspruch |

**Aus einer Schlussbemerkung unter einem Deutschaufsatz**

Dein Aufsatz ist **besonders** ( ) im ersten Teil gelungen. **Teilweise** ( ) macht das Lesen deiner Erlebniserzählung richtig Spaß. **Dagegen** ( ) hast du im zweiten Teil dir **weder** ( ) große Mühe gegeben **noch** ( ) das Thema genau beachtet. Der Höhepunkt ist **kaum** ( ) erkennbar. **Außerdem** ( ) hast du **ziemlich** ( ) wenig anschauliche Adjektive verwendet. **Jedoch** ( ) ist der Schluss **recht** ( ) originell. Deine Arbeit wird den Anforderungen **einigermaßen** ( ) gerecht.

## Aufgabe 6

**Ersetze die folgenden Hauptsätze durch passende Adverbien.**

Beispiel: Es ist sicher, dass ich morgen zu dir komme.
→ Sicherlich komme ich morgen zu dir.

**Kolumbus der Entdecker**

1. Es besteht kein Zweifel, dass Kolumbus einer der größten Entdecker war.

_______________________________________________

_______________________________________________

2. Aber es ist auch sicher, dass er einem großen Irrtum erlegen ist.

_______________________________________________

_______________________________________________

3. Sein Irrtum bestand nämlich darin, dass er den Seeweg falsch berechnet hat.

_______________________________________________

_______________________________________________

4. Es ist möglich, dass er sein Unternehmen nicht sorgfältig vorbereitet hat.

_______________________________________________

_______________________________________________

5. Es war allerdings ein glücklicher Zufall, dass er dabei Amerika entdeckte.

_______________________________________________

_______________________________________________

6. Es ist zu bedauern, dass Kolumbus arm und einsam gestorben ist.

_______________________________________________

_______________________________________________

## 5.5 Kausale Sinnrichtung

Die **kausalen Adverbien** begründen das Geschehen. Sie beziehen sich meist auf den ganzen Satz und beantworten die Fragen:
**Wodurch? Womit? Wieso? Wozu? Mit welcher Folge? Warum?**

Beispiel: Ich war krank, **deshalb** konnte ich am Ausflug nicht teilnehmen.

### Aufgabe 7

**Was geben die farbigen Adverbien an: Grund, Folge, Bedingung oder Zweck?**

**Hinweise für den Hundebesitzer**

Jeder Hund ist ein Rudeltier. **Deshalb** ist es wichtig, dass immer Menschen um ihn herum sind. Es ist **dazu** notwendig, ihn nie längere Zeit alleine zu lassen. **Sonst** verkümmert seine Seele, und er wird **folglich** eher krank als ein glücklicher Hund. **Wozu** braucht der Hund den Menschen noch? Genau genommen zum Gehorchen. Der Hund braucht **nämlich** ein Leittier, das ihm überlegen ist. **Notfalls** muss man ihm das mit Strenge klarmachen. **Sonst** wird er machen, was er will. **Deshalb** muss der Mensch auch dafür sorgen, dass der Hund sein Futter bekommt. **Dadurch** gewöhnt er sich noch mehr an sein „Herrchen".

### Aufgabe 8

**Finde zu den farbigen Wörtern ein passendes Adverb in Frageform, so dass die vorgegebenen Sätze als Antwort möglich sind.**

Beispiel: **Wie** muss der Hund gehorchen?
→ Der Hund muss seinem Herrn aufs Wort gehorchen.

1. **So** wird ein Hund richtig erzogen.
2. **Für diese Aufgabe** musst du dir viel Zeit nehmen.
3. **Mit Geduld und Zuwendung** klappt es am besten.
4. **Durch genaue Beobachtung** lernst du sein Verhalten schnell zu verstehen.
5. Dein Hund braucht **ständig** Lob und Ermunterung.
6. **Vor Schlägen und lautem Schreien** hat ein Hund am meisten Angst.

# Online-Abschlusstest 5

Super! Du hast das **Kapitel 5 – Adverbien** durchgearbeitet.
Du weißt, welche Funktion Adverbien haben, und dass sie sich nach temporalen, lokalen, modalen und kausalen Sinnrichtungen unterscheiden lassen.

So funktioniert der Online-Test:
Unter **www.notenimgriff.de** kannst du jetzt deinen Lernerfolg überprüfen.
Zu allen Themen dieses Kapitels werden dir Aufgaben gestellt. Wenn du sie bearbeitet hast, erhältst du am Ende des Tests eine Auswertung.

Willst du immer im Blick haben, welche Themen du schon kannst oder was du besser nochmals wiederholst? Dann übertrage deine Online-Ergebnisse unten in die Tabelle.
Du findest in der Tabelle alle Themen wieder, die du auch online bearbeitet hast.

Viel Erfolg beim Online-Test!

## Mein Ergebnis im Online-Test – Kapitel 5

| Thema | Mein Ergebnis |
|---|---|
| Adverbien | |

# 6 Präpositionen

## 6.1 Definition

Die **Präposition** setzt Personen und Dinge in ein bestimmtes Verhältnis zueinander. Im Satz kommt sie meist mit einem Substantiv oder Pronomen zusammen vor. Sie bestimmt den Kasus des Wortes, zu dem sie gehört. Präposition und abhängiges Wort nennt man zusammen **Präpositionalausdruck**.

Wie auch das Adverb drückt die Präposition verschiedene Sinnrichtungen aus: **lokal, temporal, kausal, modal.**

## 6.2 Lokale Sinnrichtung

Die **lokalen Präpositionalausdrücke** machen Angaben zu Raum und Ort. Sie bezeichnen die Lage, den Standort oder die Richtung.

Einige Präpositionen können sowohl den Dativ als auch den Akkusativ nach sich haben. Du kannst die Frage: **Wo?** oder **Wohin?** stellen.

| | | |
|---|---|---|
| Beispiel: | Richtung (wohin?) | Ich fliege **auf die Insel Tahiti**. |
| | Lage (wo?) | Ich bin endlich **auf der Insel Tahiti**. |

Die Präpositionen können mit dem bestimmten Artikel (Maskulinum und Neutrum) zu einer Form verschmolzen werden.

Beispiel: durch das Wasser → durchs Wasser

## Aufgabe 1

**Ordne die farbigen Präpositionalausdrücke der richtigen Spalte zu.**

**Wie romantisch!**

Gehen Sie doch abends einmal **an den Strand.** Suchen Sie sich **unter den dunklen Palmen** ein ruhiges Plätzchen. Schauen Sie zu, wie sich die Sonne **auf das tiefblaue Meer** niedersenkt und sich dann **hinter den Horizont** langsam zurückzieht. **An dem dunklen Himmel** leuchten bald funkelnde Sterne, und **über Ihnen** erstrahlt das berühmte Kreuz des Südens. Träumen Sie und lassen Sie alle Sorgen **hinter sich.** Und wenn sich **zwischen Ihre Träume** die melodischen Lieder der Eingeborenen mischen, dann spüren Sie den ganzen Zauber der Südsee.

| Standort, Lage – Dativ | Richtung, Ziel – Akkusativ |
| --- | --- |
| ______________________ | ______________________ |
| ______________________ | ______________________ |
| ______________________ | ______________________ |
| ______________________ | ______________________ |

## Aufgabe 2

**Schreibe die Präpositionalausdrücke mit lokaler Sinnrichtung heraus.**

**Die Deutsche Bahn AG informiert**

Lieber Kunde, Sie reisen in einem unserer Großraumwagen.
Ihrer Bequemlichkeit dienen:

- Sitze mit verstellbarer Armlehne
- Hochklappbare Armlehne zwischen den Sitzen
- Leseleuchten über jedem Platz
- Klapptisch vor jedem Sitzplatz in der Rückenlehne des Vordersitzes
- Regale für Gepäckstücke neben den Eingängen
- große Abfallbehälter an den Türen
- in den Einstiegsräumen ein Hinweisschild zum Zugrestaurant

Wir wünschen gute Reise!

Die Bahn

## 6.3 Temporale Sinnrichtung

Mit den **temporalen Präpositionalausdrücken** bezeichnest du den **Zeitpunkt** und die **Zeitdauer** eines Geschehens. Sie antworten auf die Fragen:
**Wann? Seit wann? Wie lange? Wie oft?**

| | | |
|---|---|---|
| Beispiele: | Zeitpunkt: | **während** der Fahrt |
| | Zeitdauer: | all die Jahre **hindurch** |

### Aufgabe 3

**Suche die temporalen Präpositionalausdrücke und ordne sie richtig zu.**

**Mit dem „Palast auf Rädern" durch Indien**

Hauptbahnhof Delhi: Fauchend und auf Hochglanz poliert steht der Orientexpresszug abfahrbereit. Er verkehrt nur während der sechs kühlen Monate des indischen Winters. Von Oktober bis März herrscht Aufregung auf Bahnsteig 1. Und am darauf folgenden Mittwoch ist der „Palast auf Rädern" bei Tagesanbruch wieder zurück. In aller Eile wird er sauber gemacht und aufpoliert. In kurzer Zeit kann die Fahrt durch das Land der Maharadschas erneut losgehen. In früheren Jahren hatten die Engländer ein hervorragendes Eisenbahnnetz aufgebaut, das bis auf den heutigen Tag alle Teile Indiens miteinander verbindet. Seit dieser Zeit kann man von Delhi aus mit dem Zug zu den großen Sehenswürdigkeiten fahren. Auch in unseren Tagen ist es noch ein großes Erlebnis; denn bei dieser Reise werden die Gäste wie Großfürsten aus vergangenen Tagen verwöhnt.

temporale Präpositionen mit Genitiv:

________________________________________

________________________________________

temporale Präpositionen mit Dativ:

________________________________________

________________________________________

temporale Präpositionen mit Akkusativ:

________________________________________

## Modale Sinnrichtung

Die **modalen Präpositionalausdrücke** helfen dir, die **Art und Weise** oder die **Eigenschaft** auszudrücken. Sie geben Antwort vor allem auf die Fragen: **Wie? Von welcher Art? Für wen?**

Beispiel: **Ohne Handy** verlässt der moderne Mensch nicht das Haus.

Folgende Präpositionen solltest du kennen:

| | |
|---|---|
| **mit Genitiv:** | abzüglich …, anstatt …, ausschließlich …, einschließlich …, trotz … |
| **mit Dativ:** | aus …, außer …, bei …, in …, mit …, nach …, unter …, von …, zu … |
| **mit Akkusativ:** | auf …, bis …, für …, gegen …, ohne …, über …, wider … |

### Aufgabe 4

**Ersetze die modalen Präpositionen durch solche, die das Gegenteil bezeichnen.**

1. Gehen Sie ohne feste Schuhe und ohne Kletterseil ins Gebirge.
2. Verzehren Sie Ihr Essen mit Hast und in Eile.
3. Steigen Sie nur entgegen der Erlaubnis des Hüttenwirts auf.
4. Nehmen Sie alles Nötige mit, ausgenommen ein Notsignal.
5. Seien Sie über das gesunde Maß hinaus ehrgeizig.
6. Befolgen Sie diese Hinweise wider alle Vernunft.

**So verhält man sich richtig im Gebirge!**

1. ______________________________
2. ______________________________
3. ______________________________
4. ______________________________
5. ______________________________
6. ______________________________

## 6.5 Kausale Sinnrichtung

Die **kausalen Präpositionalausdrücke** dienen dazu, das Geschehen zu begründen, indem die **Ursache,** das **Mittel,** die **Bedingung** oder der **Zweck** angegeben wird. Sie geben Antwort vor allem auf die Fragen:
**Warum? Womit? Unter welcher Voraussetzung? Wozu?**

Beispiel: **Wegen eines seltsamen Brauches** unter den Eingeborenen empfiehlt sich ein Besuch auf der Insel Raiatea.

Folgende Präpositionen solltest du kennen:

**mit Genitiv:** angesichts …, anlässlich …, aufgrund…, dank …, gemäß …, infolge …, trotz …, wegen …

**mit Dativ:** aus …, laut …, nach …, von …, zu …, zufolge …, … zuliebe

**mit Akkusativ:** auf …, durch …

### Aufgabe 5

**Bilde Präpositionalausdrücke mit dem richtigen Kasus.**

**Deshalb konnte ich nicht in die Schule kommen!**

1. *Anlässlich* ______________________

   (Geburtstag von Kaiser Franz)

2. *Aufgrund* ______________________

   (kräftiger Knoblauchgenuss)

3. *Wegen* ______________________

   (angeborene Antriebsschwäche)

4. *Gemäß* ______________________

   (einstimmiger Familienbeschluss)

5. *Aus* ______________________

   (unerfindliche Gründe)

6. *Auf* ___________________________________________

(ausdrücklicher Wunsch meines Katers)

7. *Nach* ___________________________________________

(uralte Indianerweisheit)

8. *Infolge* ___________________________________________

(plötzlicher Wintereinbruch)

## Aufgabe 6

**Suche die kausalen Präpositionalausdrücke heraus. Welche haben den Genitiv nach sich, welche den Dativ?**

**Sommerurlaub in Deutschland**

Laut einer Umfrage fährt nur etwa die Hälfte der Deutschen in den Urlaub. Von denen bleiben aus finanziellen Gründen oder infolge schlechter Erfahrungen im Ausland viele zur Erholung im eigenen Land. Vor allem den Kindern gefällt der Urlaub wegen der vielen Freunde, die sie schnell finden, besser als Ferien im fremden Land. Auch die Eltern, die vielleicht nur ihren Kindern zuliebe hier geblieben sind, finden ihr Vergnügen: z. B. einmal nach Lust und Laune durch kleine romantische Dörfer zu bummeln. Trotz mancher Regenfälle werden sie sich prächtig erholen. Und dank der Bundesbahn kommt man auch wieder bequem nach Hause.

| kausale Präpositionen mit Genitiv | kausale Präpositionen mit Dativ |
|---|---|
| | |

## Aufgabe 7

**Bestimme die Sinnrichtung und den Kasus der farbigen Präpositionalausdrücke und ordne sie zu.**

**Kein Faschingsscherz!**

Der Krapfen gehört zum Fasching wie das Clownskostüm. Dass er nur durch Zufall erfunden wurde, weiß kaum jemand. **Vor etwa 350 Jahren** soll die Bäckermeisterin Cäcilie Krapf **aus lauter Wut** einem ungeschickten Lehrbuben ein Stück Teig quer **durch die Backstube** nachgeschleudert haben. Aber der Teig landete in einer Pfanne mit heißem Fett. **Gegen alle Erwartung** war die Bäckerin **vom Ergebnis** höchst entzückt. So wurde das „Wurfgeschoss" zu einem schmackhaften Geschenk **für die Menschheit**. Das alles soll **einer Wiener Chronik zufolge im Jahr 1635** gewesen sein. **Seit diesen Tagen** kann man sich den Fasching **ohne den Krapfen** gar nicht mehr vorstellen. Sogar Seine Majestät der Kaiser ließ ihn **bei allen Hofbällen** auftischen. Manche machten sich schon damals einen Jux daraus, **in einige Krapfen** Senf statt Marmelade zu füllen. Also Vorsicht! Und ganz langsam **in den weichen Teig** hineinbeißen!

lokale Präpositionen mit Akkusativ:

________________________________________

________________________________________

temporale Präpositionen mit Dativ:

________________________________________

________________________________________

kausale Präpositionen mit Dativ:

________________________________________

________________________________________

modale Präpositionen mit Akkusativ:

________________________________________

________________________________________

# Online-Abschlusstest 6

Glückwunsch! Du hast das **Kapitel 6 – Präpositionen** durchgearbeitet.
Du weißt, was Präpositionen sind, welche Funktion sie im Satz haben, und dass sie sich nach temporalen, lokalen, modalen und kausalen Sinnrichtungen unterscheiden lassen.

So funktioniert der Online-Test:
Unter **www.notenimgriff.de** kannst du jetzt deinen Lernerfolg überprüfen.
Zu allen Themen dieses Kapitels werden dir Aufgaben gestellt. Wenn du sie bearbeitet hast, erhältst du am Ende des Tests eine Auswertung.

Willst du immer im Blick haben, welche Themen du schon kannst oder was du besser nochmals wiederholst? Dann übertrage deine Online-Ergebnisse unten in die Tabelle.
Du findest in der Tabelle alle Themen wieder, die du auch online bearbeitet hast.

Viel Erfolg beim Online-Test!

## Mein Ergebnis im Online-Test – Kapitel 6

| Thema | Mein Ergebnis |
|---|---|
| Präpositionen | |

# 7 Konjunktionen

## 7.1 Definition

**Konjunktionen** verbinden Einzelwörter, Wortgruppen oder Sätze mit anderen. Sie stehen immer **am Beginn** des angefügten Teiles. Nach der Art der Verknüpfung unterscheidet man die **nebenordnenden** von den **unterordnenden** Konjunktionen.

## 7.2 Nebenordnende Konjunktionen

**Nebenordnende Konjunktionen** verknüpfen Wörter, Wortgruppen oder Sätze.

Beispiele: Die Fahrt ist an einem Tag gut zu bewältigen **und** es bleibt noch Zeit für kleinere Aufenthalte **oder** Verschnaufpausen. Das Baden im Meer ist **zwar** nicht so angenehm **wie** bei uns in einem See, **aber** dafür ist es recht erfrischend. **Dennoch** lohnt sich ein Ausflug ans Meer immer.

Beachte bei den nebenordnenden Konjunktionen die Zeichensetzung!

| | |
|---|---|
| **Ohne Komma** werden verwendet: | **Bedeutung:** |
| und, sowohl … als auch …, (so)wie | Gleichartigkeit |
| oder, entweder … oder … | Wahlmöglichkeit |
| wie, als | Vergleich |
| **Immer mit Komma** werden verwendet: | |
| aber, sondern, dennoch, zwar | Unterschied |
| denn, nämlich, also | Begründung |

## Aufgabe 1

**Setze die folgenden Bruchstücke eines zerrissenen Geständnisses so zusammen, dass sie einen Sinn ergeben.**

Ich bin mit einer harten,

und um Gnade.

Hiermit erkläre

Aber ich bitte um Milde

oder Frankfurter dazu gezwungen.

und beschwöre, dass die Hamburger weder Schmerzen

oder etwas Ähnlichem.

und Frankfurtern aus dem Weg gehen.

noch Qualen erdulden mussten.

Ich versichere

und in meinen Haaren stammt aus einer Ketchupflasche

Das rote Blut auf meinen Lippen

Denn ich wurde durch einen Wiener

aber gerechten Strafe einverstanden.

sondern auch den Wienern

In Zukunft werde ich nicht nur den Hamburgern,

und bekenne ich, dass ich zwei Hamburger umgebracht habe.

## Aufgabe 2

**Wandle die Adjektive in der Klammer in die richtigen Formen um und füge die passende nebenordnende Konjunktion ein.**

**Wie warm ist der Mensch?**

Der Körper des Menschen ist nicht überall gleich warm:

(kalt) ______________________ ist es an den Zehenspitzen, während sich die Haut an der Schulter ungefähr so (warm) ________ ______ unter der Achsel anfühlt. Die Körpertemperatur misst man (gut) ______________ im Mund, weil die Schleimhaut (genau) ________________ Werte gibt ______ andere Körperteile. Wenn du aufwachst, fühlst du dich meist (frisch) ________________ ______ am Abend. Kein Wunder: Dein Körper ist um 6 Uhr (kühl) ____________ ______ 12 Stunden (spät) ____________.

## 7.2 Unterordnende Konjunktionen

**Unterordnende Konjunktionen** verknüpfen einen **Gliedsatz** mit einem anderen Satz. Man nennt sie auch **Subjunktionen**. Dabei ist der Gliedsatz vom übergeordneten Satz abhängig. Der übergeordnete Satz kann ein Hauptsatz oder ebenfalls ein Gliedsatz sein.

Beispiele: (1) Ich spiele gerne Schach, (2) **weil** es so toll ist,
(3) wenn ich gewinne.
*[Der Gliedsatz (2) ist abhängig vom übergeordneten Hauptsatz (1), der Gliedsatz (3) vom Gliedsatz (2).]*

Einen Gliedsatz, an dessen Beginn eine unterordnende Konjunktion steht, nennt man **Konjunktionalsatz.** Die unterordnenden Konjunktionen bestimmen die Sinnrichtungen des Gliedsatzes.

a) Durch **temporale Konjunktionen** drückst du das Zeitverhältnis zwischen zwei Sätzen aus. Die wichtigsten temporalen Konjunktionen sind:

| Gleichzeitigkeit | Vorzeitigkeit | Nachzeitigkeit |
|---|---|---|
| während, indem,<br>als, wenn<br>sooft, sobald<br>solange | nachdem,<br>als, wenn<br>sobald<br>seit(dem) | bevor, ehe<br>bis |

**Vorzeitigkeit:**
(1) **Nachdem** man die Hauptstadt Papeete verlassen hat,
(2) erreicht man bald eine berühmte Sehenswürdigkeit.
*[Das Geschehen in Satz (1) liegt zeitlich vor dem Geschehen in Satz (2).]*

**Nachzeitigkeit:**
(1) **Bevor** Sie nach Papeete zurückkehren,
(2) können Sie noch einen Ausflug machen.
*[Das Geschehen in Satz (1) liegt zeitlich nach dem Geschehen in Satz (2).]*

b) Durch **kausale Konjunktionen** begründest du das Geschehen des übergeordneten Satzes. Die häufigsten kausalen Konjunktionen sind:

| | |
|---|---|
| Grund, Ursache: | weil, da, dadurch dass |
| Ziel, Zweck: | damit |
| Bedingung,Voraussetzung: | wenn, falls |
| Folge, Auswirkung: | so dass |
| Einschränkung, Gegengrund: | obwohl |

Beispiel: Sie sollten die Insel im Uhrzeigersinn umfahren,
(2) **weil** sich da wunderbare Ausblicke auftun.
*[Die Tatsache in Satz (2) ist der Grund für die Empfehlung in Satz (1).]*

c) Mit Hilfe der **modalen Konjunktionen** bezeichnest du nähere Umstände des Geschehens im übergeordneten Satz.
Die häufigsten modalen Konjunktionen sind:

| | |
|---|---|
| begleitende Umstände: | indem, wobei |
| fehlende, unnötige Umstände: | ohne dass |
| Gegensatz: | während (hingegen) |
| Vergleich: | wie, als dass |
| Möglichkeit: | sofern |

Beispiel: (1) Sie können ganz Tahiti mit dem Auto umfahren,
(2) **ohne dass** Sie einmal anhalten müssen.
*[Der Satz (2) nennt Umstände, die für das Geschehen in Satz (1) nicht nötig sind.]*

## Aufgabe 3

**Verwandle den jeweils ersten Hauptsatz in einen Gliedsatz.**

Beispiel: Ich habe mich geduscht. Nachher frühstücke ich.
→ Nachdem ich mich geduscht habe, frühstücke ich.

**Ein ganz normaler Tag**

1. Der Wecker klingelt. Vorher hat die Mutter bereits das Frühstück gemacht.
2. Der Wecker hat geklingelt. Danach wacht Klausi auf und dreht sich nochmals auf die Seite.
3. Klausi verzehrt genüsslich seine Haferflocken mit Schoko. Gleichzeitig hört er den neuesten Schlagern aus dem Radio zu.
4. Die erste Stunde hat begonnen. Unterdessen liest Klausi die Sportnachrichten.
5. Der Rundfunksprecher hat wie jeden Tag sein Programm unterbrochen. Dann ruft er: „Jetzt aber los, Klausi!"

## Aufgabe 4

**Lies die Sätze 1. – 8. gut durch. Wähle dann eine geeignete temporale Konjunktion und wandle den jeweils zuerst genannten Satz in einen Gliedsatz um. Ordne die Sätze 1 + 2 gleichzeitig, die Sätze 1 + 4, 6 + 7 vorzeitig und die Sätze 8 + 7 nachzeitig.**

**Die Geschichte der Xocoatl**

1. Fernando Cortez eroberte für Spanien das Reich der Azteken.
2. Er entdeckte auch das Getränk Xocoatl.
3. Es wurde aus Kakaobohnen gewonnen.
4. Um 1530 brachte das erste spanische Schiff Kakaokerne nach Europa.
5. Das bittere Getränk wurde mit Zucker und Vanille versüßt.
6. Es eroberte schnell die Herzen und die Gaumen der Genießer.
7. In Preußen musste man eine Extra-Steuer dafür bezahlen.
8. Heute kann sich jeder mit wenig Geld Xocoatl kaufen.

Sicher hast du begriffen, was mit Xocoatl gemeint ist.
Wie nennt man heutzutage bei uns die Xocoatl? ______________________

## Aufgabe 5

**Was wird durch die kausale Konjunktion (jeweils farbig gedruckt) bezeichnet: Bedingung, Folge, Grund, Zweck, Einräumung?**

**Seife zum Selbermachen**

Die Seife ist ganz mild, **so dass** ihr Schaum auch nicht einmal in Kinderaugen brennt. **Falls** Sie eine sehr empfindliche Haut haben, können Sie die Seifencreme auch noch mehr verdünnen. Geben Sie zusätzlich ein paar Tropfen Kräuteröl hinzu, **wenn** Sie eine strapazierte Haut haben, **weil** sie z. B. zu viel Sonne abbekommen hat. Benützen Sie ein Rührgerät, **damit** die Zutaten sehr gut vermischt werden. **Wenn** die Mischung zu flüssig geworden ist, fügen Sie einige Gramm Verdicker hinzu.
Noch ein Hinweis: Experimentieren Sie mit den Mengen, **obwohl** die Zutaten nicht gerade billig sind.

# Online-Abschlusstest 7

Toll! Du hast das **Kapitel 7 – Konjunktionen** durchgearbeitet.
Du weißt, was Konjunktionen sind, und dass man nebenordnende und unterordnende Konjunktionen unterscheidet.

So funktioniert der Online-Test:
Unter **www.notenimgriff.de** kannst du jetzt deinen Lernerfolg überprüfen.
Zu allen Themen dieses Kapitels werden dir Aufgaben gestellt. Wenn du sie bearbeitet hast, erhältst du am Ende des Tests eine Auswertung.

Willst du immer im Blick haben, welche Themen du schon kannst oder was du besser nochmals wiederholst? Dann übertrage deine Online-Ergebnisse unten in die Tabelle.
Du findest in der Tabelle alle Themen wieder, die du auch online bearbeitet hast.

Viel Erfolg beim Online-Test!

## Mein Ergebnis im Online-Test – Kapitel 7

| Thema | Mein Ergebnis |
|---|---|
| Konjunktionen | |

# 8 Prädikat und Subjekt

## 8.1 Was ist ein Satz?

Du hast sicher erkannt, dass es sich bei dieser Ansammlung von Wörtern und Sätzen um Kritzeleien auf einer Schülerbank handelt, die zusammen einen Text ergeben. Du findest:

| | |
|---|---|
| **einzelne Wörter:** | Hey! Ciao! |
| **unvollständige Sätze:** | Bin ein Mädchen. Wie alt? |
| **vollständige Sätze:** | Ich bin leider nur am Dienstag hier. |
| | Schreib mal wieder! |

Neben den vollständigen Sätzen gibt es auch unvollständige Sätze oder Kurzsätze. Sie sind allerdings nur innerhalb eines Textes oder in einer eindeutigen Situation verständlich. Unvollständige Sätze lassen sich zu vollständigen ergänzen:
Wie alt? → Wie alt bist du? Bin ein Mädchen → Ich bin ein Mädchen.

Wörter und Sätze sind sprachliche Zeichen. Alle sprachlichen Zeichen zusammen bilden unsere Sprache. Im Unterschied dazu sind Fotos oder Abbildungen nichtsprachliche Zeichen.

Sätze können unterschiedlich lang und unterschiedlich ausführlich sein, und sie können auch aus sehr unterschiedlichen Teilen bestehen. Ein vollständiger Satz muss wenigstens ein Prädikat besitzen, kann aber noch weitere Ergänzungen und Erweiterungen enthalten.

Es gibt zwei Möglichkeiten zu bestimmen, aus welchen Teilen ein vollständiger Satz zusammengesetzt ist.

1. Bei der **Umstell- oder Verschiebeprobe** veränderst du probeweise die Reihenfolge der Wörter im Satz. Dabei darf sich der Sinn nicht ändern. So erfährst du, welche Wörter vom Sinn her zusammenbleiben müssen.

   Ein Wort oder eine Gruppe von Wörtern, die in einem Satz umgestellt werden kann, ist ein **Satzglied**.

   | | | | |
   |---|---|---|---|
   | Beispiele: | Ich | bin | leider nur am Dienstag hier. |
   | | Leider | bin | ich nur am Dienstag hier. |
   | | Hier | bin | ich leider nur am Dienstag. |
   | | Nur am Dienstag | bin | ich leider hier. |

   Ergebnis: Die Ausdrücke „ich", „leider", „hier", „nur am Dienstag" sind Satzglieder. Das Wort „bin" ist immer an derselben Stelle geblieben.

2. Bei der **Ersatzprobe** tauschst du Wörter oder Wortgruppen durch andere aus. Dabei darf sich der Satzbau nicht ändern. So findest du heraus, welche Wörter im Satz die gleiche Rolle spielen.

   | | | | |
   |---|---|---|---|
   | Beispiele: | Ich bin nur | am Dienstag | hier. |
   | | Ich bin nur | dienstags | hier. |
   | | Ich bin nur | selten | hier. |
   | | Ich bin nur | einmal in der Woche | hier. |

   Ergebnis: Alle vier Ausdrücke haben die Aufgabe, näher zu bestimmen, **wann** die Schreiberin an diesem Platz sitzt.

Am Beispiel unserer Bankinschrift ist dir klar geworden, dass diese Sätze an andere Personen gerichtet sind. Die Absicht, die du mit deinen Sätzen verfolgst, bestimmt dabei die Art der Sätze. An der Satzart erkennt der Hörer oder Leser, was du mit deinem Satz erreichen willst.

## 8.2 Prädikat

Jeder vollständige Satz besitzt ein **Prädikat** (Satzaussage). Es drückt aus, was im Satz geschieht oder ist. Das Prädikat ist der wichtigste Bestandteil eines Satzes. Von ihm hängen die anderen Bausteine des Satzes ab.

1. Zusammen mit dem Subjekt (Satzgegenstand) bildet das Prädikat das Grundgerüst des Satzes. Einfache Sätze bestehen nur aus Prädikat und Subjekt.

   Beispiel: Die Schüler basteln.

2. Das Prädikat bestimmt, wie viele Objekte vorkommen und in welchem Kasus sie stehen.

   Beispiele: Ich mache **den Rumpf**. (= Objekt im Akkusativ)
   Ich ziehe **den Marionetten kostbare Kleider** an.
   (= zwei Objekte im Dativ und Akkusativ)

3. Das Prädikat ist immer eine konjugierte Verbform. Du erkennst sie daran, dass **Person** und **Numerus** bestimmt sind. Eine solche Verbform nennt man auch **finit**.

| Beispiele: | | **Person** | **Numerus** |
|---|---|---|---|
| | Du **bemalst** die Marionette. | 2. | Singular |
| | Die Marionetten **verbeugen** sich. | 3. | Plural |

### Aufgabe 1

Bevor du Deutsch lernst, solltest du Japanisch können! Die Japaner betonen das Geschehen im Satz mehr als wir. Statt „Die Glocke läutet." sagen sie „Der Glocke Läuten".

**Wandle nach diesem Beispiel die wörtlichen Übersetzungen aus dem Japanischen auf der gegenüberliegenden Seite oben in übliche deutsche Sätze um.**

**Ich kann Japanisch!**

1. chiisai inu ga naku
   kleines Hundes Bellen ______________________
2. uguisu no naku
   Nachtigalls Rufen ______________________
3. tori ga naku
   Vogels Schreien ______________________
4. sakura ga saita
   Kirschbaumblühen ______________________

## Aufgabe 2

**Wandle das zweite Substantiv in ein Prädikat um und bilde auf diese Weise einfache Sätze.**

**Auf dem Bauernhof**

| | | |
|---|---|---|
| 1. Magd | Frühstück | Die Magd frühstückt. |
| 2. Bäuerin | Butter | ______________________ |
| 3. Bauer | Zorn | ______________________ |
| 4. Kuh | Kalb | ______________________ |
| 5. Eisen | Rost | ______________________ |
| 6. Korn | Schimmel | ______________________ |

## Aufgabe 3

**Wandle die Vergleiche in Prädikate um und verkürze so die etwas lang gewordenen Sätze.**

1. Ich sammle wie ein Hamster alles Essbare.
2. Ich bewege mich wie eine Robbe durchs Feld.
3. Ich stehle wie eine Maus Nüsse.
4. Ich lerne wie ein Büffel für die Prüfung.
5. Ich gehe wie ein Lahmer.
6. Ich spreche wie ein Berliner.
7. Ich schreibe in meiner Freizeit wie ein Schriftsteller.
8. Ich laufe wie ein Vagabund durch die Gegend.

Oft besteht das Prädikat aus einer mehrteiligen Verbform.

Zu der konjugierten **(finiten)** Verbform treten andere Wörter hinzu. Sie verändern sich – im Unterschied zur konjugierten Verbform – nicht; man nennt sie deshalb **infinit** (Gegenteil zu finit).
Beim mehrteiligen Prädikat musst du zwischen dem finiten und infiniten Prädikatsteil unterscheiden. Vergleiche, welche Verbformen sich verändern.

| Beispiele: | | finiter Prädikatsteil | | infiniter Prädikatsteil |
|---|---|---|---|---|
| | Ich | **werde** | eine Marionette | **bauen**. |
| | Wir | **werden** | eine Marionette | **bauen**. |
| | Du | **willst** | eine Marionette | **bauen**. |
| | Wer | **kann** | eine Marionette | **bauen**? |

Solche unveränderlichen Prädikatsteile können sein:

a) infinite Verbformen nach einem Hilfs- oder Modalverb:
Beispiele: Die Marionette ist aus vielen Teilen **zusammengesetzt**.
(= Partizip Perfekt)
Die Hände kann man aus Stoff **machen**. (= Infinitiv)

b) Vorsilben oder Partikel als (trennbare) Verbzusätze:
Beispiel: Ich **setze** die Marionette aus 14 Teilen **zusammen**.

c) Substantiv- oder Adjektivausdrücke:
Beispiele: Ich nehme die Marionette **zur Hand**.
(= Substantivausdruck)
Ich nehme meine Arbeit sehr **ernst**. (= Adjektivausdruck)

Diese unveränderlichen Prädikatsteile stehen am Ende des Satzes und schließen alle Wörter dazwischen ein. Man nennt dies **Satzklammer**.

**Merke:**

Verben wie **sein, scheinen, werden** brauchen meist eine zusätzliche inhaltliche Ergänzung, damit das Prädikat vom Sinn her vollständig ist.
Solche Ergänzungen können sein:

a) Substantive
Beispiel: Das Material des Kopfes **ist Lindenholz**.

b) Präpositionalausdrücke
Beispiel: Der Kopf **ist aus einem Stück Lindenholz**.

c) Adjektive, die ihre Form nicht verändern
Beispiel: Der Kopf **ist hölzern.** Die Köpfe **sind hölzern**.

## Aufgabe 4

**In welchen Sätzen ist ein Prädikat enthalten? Unterstreiche sie.**

1. Wir fertigen Lampenschirme nach Ihren Entwürfen. Standardschirme vorrätig.
2. Im „Schlaf" Geld verdienen! Gerne vermitteln wir kostenl. Ihre Whg. etc.
3. Früh-Rentner, absolut zuverlässig, übernimmt Kurierdienste/Flüge In- und Ausland/Eilaufträge.

## Aufgabe 5

**Unterstreiche die mehrteiligen Prädikate.**

**Das Wundersofa**

1. Das Wundersofa macht endlich Schluss mit den schweißtreibenden Übungen.
2. Sechs verschiedene Geräte machen Sie auf angenehme Weise fit.
3. Auf der Trainingsliege wird mit einer sanften Wellenbewegung der Kreislauf angeregt.
4. Durch die vierte Übung werden Pfunde an Bauch und Hüften weggeschmolzen.
5. Der Po-Trainer kann Orangenhaut an den Oberschenkeln abbauen.
6. Durch die Klappmesser-Übung werden Sie bis zu 20 Pfund abnehmen.
7. Nach dem Training dürfen Sie sich noch unter dem Solarium die richtige Urlaubsbräune holen.

## Aufgabe 6

**Wandle die farbigen Ausdrücke in einfache Sätze mit dem Verb „sein" um.**

Beispiel: Das rosa Haus gefällt mir. → Das Haus ist rosa.

**Hawaii**

Die Hawaii-Insel Oahu mit ihrer **weltberühmten Waikiki-Bucht** lädt Sie zu diesem **wunderschönen Urlaub** ein. Die Südsee lockt Sie mit **glitzernd schwarzen Sandstränden** und **riesigen Palmen.** Bummeln Sie durch die **verwinkelten Straßen von Honolulu.** Vergessen Sie nicht die **köstlichen Spezialitäten der Köche aus China!** Bewundern Sie im **herrlichen Naturpark Sea Life** die **gezähmten Delphine** oder die **farbenprächtigen Fische.** Nehmen Sie unterm **tropisch-blauen Himmel** teil an den **fröhlichen Tanzdarbietungen der Einheimischen!**

## 8.3 Subjekt

In jedem vollständigen Satz wird das Prädikat durch das **Subjekt** ergänzt. Das Subjekt nennt die Person oder die Sache, von der das Geschehen ausgeht oder zu der ein Zustand gehört.

Beispiele: **Biologin** zog verlassene junge Gänse auf und lernte ihre „Sprache".
**Streifengänse** sind nicht essbar.

1. Subjekt und Prädikat stimmen in Numerus und Person überein, d.h. sie sind in Numerus und Person kongruent.

Beispiele:

| **Subjekt** | **Prädikat** |
|---|---|
| Die Gänse | gingen in die Luft. |
| Ich | spreche (wie eine Gans). |

2. Das Subjekt steht unmittelbar vor oder hinter dem Prädikat.

Beispiel: **Die Gänsemutter begrüßt** ihre Kinder mit „Gang-gang".
Mit „Gang-gang" **begrüßt die Gänsemutter** ihre Kinder.

3. Subjekt und Prädikat müssen inhaltlich zusammenpassen.

Beispiel: Die Biologin fuhr den Gänsen mit dem Rad hinterher.
aber nicht: ~~Die Gänse fuhren mit dem Rad hinterher.~~

Das Subjekt steht immer im Nominativ.
Wenn du in einem Satz das Subjekt finden und bestimmen willst, stellst du an den Satz die Frage: **Wer** oder **was** tut etwas? **Wer** oder **was** ist?
Als Antwort erhältst du das Subjekt.

Beispiel: Die Streifengänse sehen jeden Mann als Artgenossen an.
Wer sieht jeden Mann als Artgenossen an?
Antwort: die Streifengänse → Subjekt

Folgende Wortarten können Subjekt sein:

a) Substantive oder Substantive mit Beifügungen

Beispiele: **Biologin** zog verlassene Jungtiere auf.
**Die Gänsemutter** begrüßt ihre Kinder.
**Die fünf Streifengänse** sehen jeden als Artgenossen an.

b) Eigennamen

Beispiel: **Daniel** hat gute Laune.

c) Pronomen

Beispiel: **Er** kommt nach Hause.

Auch andere Wortarten können Subjekt werden. Dazu müssen sie allerdings erst zu Substantiven gemacht werden. Du schreibst sie groß und stellst einen Artikel davor. Man nennt dies **Substantivierung**.

Beispiele: **Verb:** (Die Gänse **schnattern**.)
**Das Schnattern** der Gänse stört mich nicht.

**Adjektiv:** (Die **kleinen** Gänse können noch nicht fliegen.)
**Die Kleinen** können noch nicht fliegen.

## Aufgabe 7

**Welches Geräusch passt zu welchem Tier? Verbessere die Sätze und setze die Tiere dabei in den Singular.**

Katzen krähen

Frösche brüllen

Bienen grunzen

Schweine summen

Tauben kläffen

Stiere gurren

Hähne quaken

Hunde tirilieren

Lerchen miauen

## Aufgabe 8

**Zu einem Prädikat passen jeweils zwei Subjekte.**

**Eimer – Hund – Mutter – Tür – Schnaps – Streichholz**

1. Die ________________ springt auf. Die ________________ springt auf.
2. Das ________________ brennt. Der ________________ brennt.
3. Der ________________ leckt. Der ________________ leckt.

## Aufgabe 9

**Achtung! Die Subjekte sind vertauscht. Bringe die beiden Texte in Ordnung, so dass man wieder darüber lachen kann.**

Bereits 1980 wurde in Kalifornien **dein Lehrer** zu einer riesigen Blase aufgepustet. **Niemand** erreichte den sagenhaften Durchmesser von 48,9 cm! Bis heute hat **er** diese Superleistung übertreffen können. Aber **ein Kaugummi** darf dich beim Training in der Schule nicht erwischen.

An der Haltestelle wartet **eine Toilette** auf seinen Bus. Wie im Training übt **eine alte Dame** das schnelle Dribbeln. Das sieht **der große Fußballstar Pele Knallschuh**. Da geht **er** auf ihn zu und sagt: „Junger Mann! Dort drüben ist **sie**."

## Aufgabe 10

**Bestimme das Subjekt eines jeden Satzes und unterstreiche es.**

**So bastle ich ein Kaleidoskop**

Am besten du besorgst dir drei kleine Spiegel (20 cm lang, 4 cm breit). Billiger ist allerdings Spiegelfolie. Außerdem werden Pappe, Buntpapier oder bunte Glasscherben und Haushaltsfolie benötigt.
Zunächst werden die Spiegelteile zu einem Dreieck zusammengestellt und mit Klebebändern festgemacht. Ein Ende wird dann mit der durchsichtigen Haushaltsfolie verschlossen. Nun füllst du die dreieckige Röhre mit den bunten Glasscherben oder Papierschnipseln. Zum Schluss wird die Folie auch über dem anderen Ende befestigt.

## Aufgabe 11

**Bestimme die Wortart der Subjekte.**

Mit einer Plastikfolie kannst du noch etwas anderes basteln. Zuerst wird ein Dreieck aus der Folie ausgeschnitten. Dann werden die Kanten durch drei Plastikhalme verstärkt. Allerdings dürfen die Halme nur an den Ecken festgeklebt werden. Denn die Folie muss frei beweglich bleiben; die Luft kann sonst den Flieger nicht emporheben. Die Mitte der Segelfläche kann man durch einen zusätzlichen Halm verstärken. Mit einem kleinen Gewicht verändert sich die Flugbahn.
Ich wünsche dir viel Spaß mit deinem Flieger!

Substantiv: ______________________________

______________________________

Pronomen: ______________________________

______________________________

## Aufgabe 12

**Trage die farbigen Subjekte in der Grundform bei der richtigen Wortart ein.**

Beispiel: Die Alten beschützen die Jungen. → Adjektiv: alt

**So wird man flügge**

Den Vogelkindern geht es so wie den Menschenkindern: Das **Stillsitzen** im Nest geht ganz schön auf die Nerven. Endlich steht **Fliegen** auf dem Stundenplan.
Das **Auf und Nieder** der Flügel versetzt die „Lehrlinge" fast in einen Rausch, und aufgeregtes **Zwitschern** erfüllt die Luft.
Bald verlassen die **Jungen** ihre Familie. Dann gilt das harte Gesetz der Natur: Wichtiger als der gestrige Tag ist das **Heute.** Das **Überleben-Wollen** fordert die ganzen Kräfte.
Nach einiger Zeit gründen die **Stärksten** unter ihnen selbst eine Familie.
Und alles beginnt wieder von vorne.

Verb: ______________________________

______________________________

Adverb: ______________________________

______________________________

Adjektiv: ______________________________

______________________________

# Online-Abschlusstest 8

Super! Du hast das **Kapitel 8 – Prädikat und Subjekt** durchgearbeitet.
Du weißt, dass die Satzaussage (Prädikat) der wichtigste Teil der Satzes ist, von dem alle anderen Bausteine abhängen. Zusammen mit dem Satzgegenstand (Subjekt) bildet es das Grundgerüst eines Satzes.

So funktioniert der Online-Test:
Unter **www.notenimgriff.de** kannst du jetzt deinen Lernerfolg überprüfen.
Zu allen Themen dieses Kapitels werden dir Aufgaben gestellt. Wenn du sie bearbeitet hast, erhältst du am Ende des Tests eine Auswertung.

Willst du immer im Blick haben, welche Themen du schon kannst oder was du besser nochmals wiederholst? Dann übertrage deine Online-Ergebnisse unten in die Tabelle.
Du findest in der Tabelle alle Themen wieder, die du auch online bearbeitet hast.

Viel Erfolg beim Online-Test!

## Mein Ergebnis im Online-Test – Kapitel 8

| Thema | Mein Ergebnis |
|---|---|
| Prädikat | |
| Subjekt | |

# 9 Objekte

## 9.1 Akkusativobjekt

In vielen Sätzen verlangt das Prädikat neben dem Subjekt noch eine Ergänzung, damit die Aussage des Satzes vollständig ist. Diese notwendige Ergänzung nennt man **Objekt**. Das Objekt nennt die Person oder Sache, auf die sich das Geschehen bezieht.
Eine Ergänzung des Prädikats, die im Akkusativ steht, wird **Akkusativobjekt** genannt. Du findest das Akkusativobjekt im Satz mit der Frage: **Wen oder was?**

Beispiel: Öl mit Spatzenmist verjagt den Schmerz.
Wen oder was vertreibt Öl?
Antwort: den Schmerz → Akkusativobjekt

Ein Objekt ist wie das Subjekt ein Nomen oder ein substantivischer Ausdruck. Welche Ergänzung notwendig ist, hängt vom **Prädikat** ab.

Verben, die ein Akkusativobjekt verlangen, nennt man **transitive Verben**, alle anderen intransitive Verben.

| | | | |
|---|---|---|---|
| Beispiele: | transitiv: | Öl lindert Schmerzen. | = Akkusativobjekt |
| | intransitiv: | Ich helfe dir. | = Dativobjekt |
| | | Ich zittere. | = kein Objekt |

Wandelst du einen Aktiv-Satz in einen Passiv-Satz um, ändert sich der Satzbau.

| | | |
|---|---|---|
| Beispiele: | Aktiv: | Meine Katze fängt eine Maus. |
| | | Meine Katze fängt zwei Mäuse. |
| | Passiv: | Eine Maus wird von meiner Katze gefangen. |
| | | Zwei Mäuse werden von meiner Katze gefangen. |

Neben Substantiven und Pronomen können auch **substantivierte Wortarten** als Akkusativobjekte verwendet werden.

Beispiele: Das Öl verursacht heftiges **Jucken**. (= substantiviertes Verb)
Ich sehe das **Gelb**. (= substantiviertes Adjektiv)

## Aufgabe 1

**Verwende die Substantive als Subjekt oder Objekt. Bilde alle Sätze, die sinnvoll sind.**

| | |
|---|---|
| Hase<br>Hund<br>Katze<br>Maus | jagen<br>verbellen |

| | |
|---|---|
| Elefant<br>Fliege<br>Löwe | stechen<br>zertreten |

## Aufgabe 2

**Streiche alle Wörter durch, die nicht als Akkusativobjekt passen.**

1. Ich sehe dich/Sätze/den Honig/nicht/fern/das Radio/zwei Engel.
2. Ich höre das Plätschern des Baches/meinen Vater/die Rose.
3. Ich rieche das Knistern des Feuers/frisches Heu/Sterne/gut.
4. Ich ertaste dich/den Regenwurm/die gute Luft/den Spinat/oben.
5. Ich schmecke die Schweinshaxe/alles Viereckige/das Rascheln.

## Aufgabe 3

**Bilde sinnvolle Sätze. Die Akkusativobjekte sind farbig.**

1. altes auch **Brühe** ein eine gibt gute Huhn
2. bei **Bohnen** man Regenwetter säen soll nicht
3. braucht gutes halben Land **Samen**
4. Froschgeschrei herbei jedes nicht **Regen** zieht

## Aufgabe 4

**Sind die farbigen Ausdrücke Subjekte (S) oder Akkusativobjekte (A)? Trage die entsprechenden Abkürzungen ein.**

**Neues von den Elefanten**

**Erwachsene Elefanten** ( ) bringen **ein Gewicht von sechs Tonnen** ( ) auf die Waage. Pro Tag werden **200 kg Grünfutter** ( ) verspeist. Die Speisekarte bietet **100 verschiedene Pflanzen** ( ) an. Nach der Mittagsruhe drängt es **die Jumbos** ( ) zu den Wasserstellen. **Dickhäuter** ( ) müssen alle 24 Stunden einmal trinken. **Sie** ( ) brauchen **eine Wassermenge von 150 Litern** ( ). **Die hitzeempfindlichen Dickhäuter** ( ) benützen **das Wasser** ( ) auch zur Abkühlung ihrer sehr dünnen Haut. Erst nach einem Jahr trinken übrigens **die kleinen Elefanten** ( ) **das Wasser** ( ) wie die großen mit der Nase.

## Aufgabe 5

**Bestimme die Akkusativobjekte und die Wortart.**

**Geheimschrift**

Man benötigt eine Zwiebel oder eine Zitrone, presst sie aus und siebt sie durch. Dann taucht man einen Pinsel hinein. So bringt man die Geheimbotschaft aufs Papier. Der Empfänger muss es erwärmen. Dadurch macht er die Schrift lesbar.

Substantiv: ______________________________

Pronomen: ______________________________

## Aufgabe 6

**Setze den Bericht in die Ich-Form.**

**In der Nähstube**

Die Kostüme werden in der Schneiderwerkstatt gemacht. Hier werden die nackten Holzmarionetten angezogen. Zuerst wird genau Maß genommen. Dann werden die Maße auf den Stoff übertragen. Erst nach mehreren Stunden sind die Marionetten märchengerecht angezogen. Die Form wird ausgeschnitten, und dann wird das Kleid um die Marionetten gelegt. Schließlich werden die letzten Feinarbeiten erledigt und die Stoffteile festgenäht. So ist aus einem einfachen Stoff das Gewand einer Prinzessin hergestellt worden.

*Die Marionettenkleidernäherin berichtet von ihrer Arbeit: „Ich mache …“*

## Aufgabe 7

**Setze folgende Wörter in die Sätze ein. Ein paar musst du vorher zu Substantiven machen.**

**krank – Fahrwege – knattern – Gold – jeder – wertvoll – reich beladenes Schiff – es – gestern**

**Piraten ahoi!**

________________ lässt der Kapitän im Hafen zurück. Seeräuber kennen die ________________ von reichen Händlern und Kaufleuten sehr genau. Schon von weitem hören sie das ________________ der Segel und riechen das________________. Dann entern sie das ________________. Sie töten ________________ schleppen alles ________________ von Bord und setzen ________________ in Brand. Keiner wird sich wohl das ________________ herbeiwünschen.

## 9.2 Genitiv- und Dativobjekt

In einigen Sätzen verlangt das Prädikat einen **Dativ** oder **Genitiv** als **Objekt**. Verben, die ein Dativ- oder Genitivobjekt brauchen, sind **intransitiv** – im Unterschied zu den transitiven Verben, die ein Akkusativobjekt nach sich haben. Du findest das **Dativobjekt** im Satz mit der Frage: **Wem?**

Beispiel: Elefanten gehorchen sogar kleinen Kindern.
Wem gehorchen die Elefanten sogar?
Antwort: kleinen Kindern → Dativobjekt

Das **Genitivobjekt** findest du mit der Frage: **Wessen?**
Es kommt nur noch in alten und umständlichen Wendungen vor.

Beispiel: Könige bedienten sich im Krieg oft der Elefanten.
Wessen bedienten sich Könige oft?
Antwort: der Elefanten → Genitivobjekt

So unterscheidest du Akkusativ und Dativ:

1. Stelle an den Satz die Frage nach dem Kasus.

Beispiele: Ich sehe den Affen. → Akkusativobjekt
Wen oder was sehe ich?
Dem Affen geht es schlecht. → Dativobjekt
Wem geht es schlecht?

2. Schau auf den Artikel oder das Pronomen.

Beispiele: Ich nähere mich **dem** Affen. → Dativobjekt
Ich vertreibe **den** Affen. → Akkusativobjekt

Nur die transitiven Verben können ein **persönliches Passiv** bilden.

| | | |
|---|---|---|
| Beispiel: | **Aktiv-Satz** | **Passiv-Satz** |
| | Ich unterstütze **dich**. | **Du wirst** unterstützt. |
| | Ich unterstütze **euch**. | **Ihr werdet** unterstützt. |
| Aber: | Ich helfe **dir**. | **Dir** wird geholfen.<br>(Es wird **dir** geholfen.) |

## Aufgabe 8

**Bilde sinnvolle Sätze nach dem Muster: Subjekt – Prädikat – Dativobjekt.**

Beispiel: Du drohst mir.

| | | |
|---|---|---|
| | drohen | ich |
| | glauben | du |
| Du | winken | Luftballon |
| | ähneln | Meerschweinchen |
| | begegnen | Erbtante |

## Aufgabe 9

**Entscheide, ob im Prädikat ein transitives oder intransitives Verb steckt. Schreibe die Infinitive der Verben heraus.**

**Aus zwei Fernsehankündigungen**

Brian soll beim Erntedankfest in der Schule einen „Spargel" spielen und hat entsetzliches Lampenfieber. Ihm geht es richtig schlecht. Schließlich hilft ALF seinem Freund und besorgt ein Maskottchen. Doch der angebliche Glücksbringer bringt nur Sorgen.

transitive Verben: ______________________________

intransitive Verben: ______________________________

Anlässlich des Erntedankfestes veranstaltet die Schule eine große Feier. Alle Kinder sollen, als Gemüse verkleidet, das Fest bereichern. Brian muss einen Spargel darstellen. Aber so ganz gefällt ihm diese Rolle nicht. Da fällt ALF ein rettender Gedanke ein: Ein Maskottchen am Morgen vertreibt Kummer und Sorgen. Doch ALF und Brian entkommen ihrem Schicksal nicht.

transitive Verben: ______________________________

intransitive Verben: ______________________________

## Aufgabe 10

**Bestimme jeweils den Kasus des Wortes „Gold“. Benutze die Abkürzungen N (= Nominativ), D (= Dativ), A (= Akkusativ).**

**Gold** (    ) ist ein wichtiges Heilmittel. Man hängt **Gold** (    ) Kindern um den Hals, so macht es Gift unwirksam. **Gold** (    ) wohnt allerdings auch eine schädliche Kraft inne: **Gold** (    ) schadet dem Eierlegen der Hühner. Du wendest die Gefahr auf diese Weise ab: **Gold** (    ) abwaschen und die Tiere mit dem Wasser besprengen. **Gold** (    ) mit Honig gekocht, brauchen auch Leute mit Verdauungsschwierigkeiten. Manche schreiben **Gold** (    ) noch eine andere Wirkung zu: Es bringt Warzen zum Verschwinden. **Gold** (    ) kannst du auch reinigen: Du röstest das **Gold** (    ) mit zwei Teilen Salz und einem Teil Schiefer.

## Aufgabe 11

**Gib an, in welchem Kasus das Wort „Bauer“ jeweils steht.**

**2. Februar**

Lichtmess trüb ist **dem Bauern** lieb.

*

**März**

Märzen trocken bringt **den Bauern** auf die Socken.

*

**Mai**

Mairegen auf die jungen Saaten klingt **den Bauern** wie Dukaten.

*

Gewitter im Mai, da singen **die Bauern** juchhei!

*

**August**

Der Augusti macht **die Bauern** lusti (lustig).

## Aufgabe 12

**Vermeide die umständlichen Genitivobjekte. Verwende dazu die vorgeschlagenen Ersatzverben.**

**abgewöhnen – ausziehen – brauchen – ergreifen – erwarten – gebrauchen – haben – zurückweisen**

**Umständliche Vorbereitungen für den Unterricht**

1. Ich entledige mich unter großer Anstrengung meines Mantels.

___

2. Ich entwöhne mich gezwungenermaßen des Kopfhörers.

___

3. Ich harre geduldig der göttlichen Eingebung.

___

4. Ich bemächtige mich wieder meines Kopfhörers.

___

5. Ich bedarf dringend der inneren Ruhe.

___

6. Ich erwehre mich deshalb der Frage des Lehrers.

___

7. Ich bediene mich dazu einer gepflegten Ausdrucksweise:

___

8. „Ich bin – was das kleine Einmaleins betrifft – anderer Meinung als Sie, mein verehrter Meister der Mengenlehre."

___

___

## 9.3 Präpositionalobjekt

Einige Verben verlangen nach einer Ergänzung, die von einer Präposition abhängt. Die Präposition gehört zum Verb und bestimmt den Kasus der Ergänzung. Dieses Objekt nennt man deshalb **Präpositionalobjekt.**
Den Kasus der Präpositionalobjekte erfragst du zusammen mit der jeweiligen Präposition.

Beispiele: Der Mensch soll an seine Kinder denken.
An wen soll der Mensch denken?
Antwort: an seine Kinder → Präpositionalobjekt

Ein paar Verben können verschiedene Präpositionen nach sich haben. Dabei ändert sich die Bedeutung des Verbs.

Beispiele: Ich arbeite **an meinen Hausaufgaben.** (Ich beschäftige mich mit meinen Hausaufgaben.)
Ich arbeite **für Geld.** (Ich bekomme Geld für meine Arbeit.)

Das Präpositionalobjekt tritt auch gemeinsam mit einem anderen Objekt, vor allem mit dem Akkusativ auf.

| | | | |
|---|---|---|---|
| Beispiel: | Der Mensch durchwühlt | **die Erde** | **nach Gold.** |
| | | Akkusativ- | Präpositionalobjekt |

### Aufgabe 13

**Schreibe die Verben im Infinitiv heraus. Vergiss die dazugehörenden Präpositionen nicht.**

**Tipps für die Schönheit**

a) Viele Menschen vertrauen auf die Wirkung der Natur.
b) Am besten fängt man mit einem erholsamen Bad an.
c) Ihre Hautcreme soll aus reinem Öl bestehen.
d) Zur Entspannung gehört auch viel Ruhe.
e) Warme Bäder mit Latschenkieferextrakt sorgen für gesunde Füße.
f) Bei der Schönheitspflege sollten Sie auf Ruhe achten.

## Aufgabe 14

**Ergänze in den Lücken den Kasus der Präpositionalobjekte.**

**Tipps für den Alltag**

– Ärgern Sie sich nicht **über Fischgeruch** (______________) ! Spülen Sie das Geschirr kalt ab und vertrauen Sie **auf den frischen Zitronenduft** (______________).

– Gehen Sie **mit Kräutern (**______________) sorgsam um!

– Freuen Sie sich **auf leckeren Pudding** (______________)! Greifen Sie ruhig **nach der Zuckerdose** (______________).

– Plagen Sie sich nicht **mit zähem Knabbergebäck** (______________) ab!

– Erfahrene Hausfrauen schwören **auf einen einfachen Trick** (______________): Vor dem Verzehr kurz in den Backofen!

## Aufgabe 15

**Bilde aus den vorgegebenen Wörtern jeweils zwei Sätze in der Ich-Form und schreibe sie auf. In einem der beiden Sätze kommt ein Präpositionalobjekt vor.**

Beispiel: heben – sich abheben – fünf Zentner – mein Bruder
→ a) Ich hebe fünf Zentner.
b) Ich hebe mich von meinem Bruder ab.

1. hören – aufhören – das Zwitschern der Vögel – die Arbeit
2. brechen – ausbrechen – das Gefängnis – der Stab
3. halten – sich halten – der Dieb – dein Ratschlag
4. nehmen – zunehmen – beim Frühstück viel Zucker – Gewicht
5. einstellen – mich einstellen – die Uhr – die Arbeit
6. hüten – sich hüten – die Schafe – wilde Tiere
7. drücken – sich drücken – die Arbeit – die Daumen

## Aufgabe 16

**Ersetze die unterstrichenen Prädikate durch sinnähnliche Verben. Dabei ändert sich der Kasus der Objekte.**

streben nach

stoßen auf

trauern um

aufhören mit

achten auf

forschen nach

denken an

sich bei jemandem erkundigen

**Auf Goldsuche**

Auf der ganzen Welt erstrebt man das Gold. Schon vor Jahrhunderten suchten viele Abenteurer in den Bergen das wertvolle Metall. Sie befragten alle Leute und beachteten jeden Stein. Denn schon in der obersten Erdschicht fanden manche häufig kleine Goldkörner. Selbst in der Nacht beendeten sie nicht ihre mühevollen Arbeiten. Leider bedachten sie nicht die Folgen. Oft stürzten die unterhöhlten Berge ein und man musste viele Opfer betrauern.

# Online-Abschlusstest 9

Glückwunsch! Du hast das **Kapitel 9 – Objekte** durchgearbeitet.
Du weißt jetzt, dass das Objekt eine Ergänzung zum Prädikat ist. Außerdem kannst du jetzt verschiedene Objekte unterscheiden: Akkusativ-, Genitiv-, Dativ- und Präpositionalobjekt.

So funktioniert der Online-Test:
Unter **www.notenimgriff.de** kannst du jetzt deinen Lernerfolg überprüfen. Zu allen Themen dieses Kapitels werden dir Aufgaben gestellt. Wenn du sie bearbeitet hast, erhältst du am Ende des Tests eine Auswertung.

Willst du immer im Blick haben, welche Themen du schon kannst oder was du besser nochmals wiederholst? Dann übertrage deine Online-Ergebnisse unten in die Tabelle.
Du findest in der Tabelle alle Themen wieder, die du auch online bearbeitet hast.

Viel Erfolg beim Online-Test!

## Mein Ergebnis im Online-Test – Kapitel 9

| Thema | Mein Ergebnis |
|---|---|
| Das Akkusativobjekt | |
| Genitiv- und Dativobjekte | |
| Präpositionalobjekte | |

# 10 Adverbial und Attribut

## 10.1 Adverbial

Das **Adverbial** ist in vielen Sätzen nötig, um den Sinn zu verdeutlichen. Mit dem Adverbial kannst du einen Satz ausbauen und erweitern und so die Aussage des Satzes verdeutlichen und vervollständigen. Das Adverbial bestimmt die Umstände einer Handlung, eines Vorgangs oder eines Zustands genauer. Man nennt es deshalb auch **Umstandsangabe**.

| | | |
|---|---|---|
| Beispiele: | **In den Spalt** musst du ein Brecheisen stecken. | (= Handlung) |
| | **Dann** öffnet sich eine Felsentür. | (= Vorgang) |
| | **Hinter ihr** ist der Schatz verborgen. | (= Zustand) |

Im Unterschied zu den Objekten ist das Adverbial nicht direkt vom Prädikat abhängig. Die Adverbialien lassen sich inhaltlich nach ihrer Bedeutung unterscheiden. Es gibt **vier Sinnrichtungen:**

1. Die **temporalen** Adverbialien machen Angaben zu den **zeitlichen Umständen**. Sie antworten auf die Fragen: Wann? Wie lange? Seit wann?

   Beispiel: **Wann** haben die Spanier den Schatz in Sicherheit gebracht?
   **Anfang des 19. Jahrhunderts.**

2. Die **lokalen** Adverbialien erläutern die Umstände **des Ortes und des Raumes.** Sie werden erfragt mit: Wo? Wohin? Woher?

   Beispiel: **Wo** findest du einen Spalt?
   **In der Schulterhöhe eines Mannes.**

3. Mit den **kausalen** Adverbialien machst du klar, weshalb etwas geschieht oder ist. Du benennst auf diese Weise den **Grund**, die **Mittel** oder die **Absicht**. Du erfragst sie mit: Weshalb? Wozu? Womit? Von wem?

Beispiele: **Weshalb** brachten die Spanier den Schatz in Sicherheit?
**Weil die Truppen anrückten.**

**Von wem** ist der Schatz versteckt worden?
**Von einem schottischen Kapitän.**

4. Die **modalen** Adverbialien beschreiben die Begleitumstände. Sie geben z. B. an, in welchem **Zustand** oder in welcher **Stimmung** etwas getan wird, in welchem **Ausmaß** etwas vorhanden ist.
Du fragst: Wie? Unter welchen Umständen? In welchem Ausmaß?

Beispiel: **Wie** hat ein schottischer Kapitän den Schatz vergraben?
**unrechtmäßig**

Adverbialien gleicher Sinnrichtung lassen sich miteinander austauschen. Durch Wörter wie **danach, deshalb, davor** kannst du ganze Wortgruppen ersetzen.

| | | | |
|---|---|---|---|
| Beispiel: | lokale Sinnrichtung: | Hinter der Felsentür | liegt ein Schatz. |
| | | **Dahinter** | liegt ein Schatz. |

In einem Satz können auch mehrere Adverbialangaben vorkommen.

Beispiele: Ein schottischer Kapitän hat den Schatz **angeblich** (modal) – anstatt ihn **ordnungsgemäß** (modal) abzugeben – **auf einer einsamen Cocos-Insel** (lokal) vergraben. **An besagter Stelle** (lokal) warten **nach alter Überlieferung** (kausal) über 30 Tonnen Gold.

## Aufgabe 1

**Achtung: Die adverbialen Bestimmungen sind vertauscht. Berichtige die Sätze.**

**Da stimmt was nicht!**

**Heute** wurde Amerika von Christoph Kolumbus entdeckt. **Ganz gefahrlos** landete er **in seinem Bordtagebuch. Im Jahre 1492** kannst du **auf der Insel San Salvador** die spannenden Abenteuer dieses berühmten Seefahrers **unter Lebensgefahr** miterleben.

## Aufgabe 2

**Bestimme die Sinnrichtungen der farbigen Adverbialien und trage sie unten richtig ein.**

**Ein ungewöhnlicher Wandertipp**

Nur **ungern** fährt man **mit dem Auto über die Alpen.** Mal flutet der Ferienverkehr **in Richtung Italien, mal** verstopfen die Rückreisenden die Straßen. **Vielleicht** wird **deshalb** eine andere Art der Alpenüberquerung **wieder** modern: **zu Fuß** auf alten Saumpfaden von Bayern nach Italien. **Vier Wochen** ist ein strammer Wanderer bis nach Venedig unterwegs. Die meisten tun's **auf eigene Faust** – **mit dem Rucksack** auf dem Buckel. Man sollte sich **rechtzeitig** vor Wintereinbruch auf den Weg machen.

lokal: ______________________________

temporal: ______________________________

modal: ______________________________

kausal: ______________________________

## Aufgabe 3

**Unterstreiche in den Werbeanzeigen die kausalen Adverbialien.**

Durch die deutlich gesenkten Preise kommen Sie jetzt mit der Fähre billiger nach England!

Kenner aus aller Welt schätzen unser Tafelwasser wegen des unnachahmlich frischen Geschmacks.

Zu Ihrer Bequemlichkeit haben wir unsere Busse mit Liegesitzen ausgestattet.

Unsere Pralinen sind dank eines alten Geheimrezepts „in aller Munde".

Für Ihr Wohlbefinden nehmen Sie am besten täglich zwei Tabletten.
Gegen frühe Altersbeschwerden empfehlen wir unsere bewährten Knoblauchpillen.

## Aufgabe 4

**Schreibe die lokalen und temporalen Adverbialien heraus.**

Die Trommelsignale der Afrikaner tönen weithin – und bis auf den heutigen Tag werden in Afrika Informationen noch auf diese Weise weitergegeben. Bis zu 40 Kilometer reichen die Nachrichten. Oft trommeln die Afrikaner von der Mitte eines Flusses aus. Von dort sind die Trommelschläge nämlich besser zu hören als vom Land aus.

| lokale Sinnrichtung: | temporale Sinnrichtung: |
| --- | --- |
| | |

## Aufgabe 5

**Ersetze die Präpositionalausdrücke durch passende Adverbien.**

früher – danach – später – heute – leider – überall – woanders – dadurch

**Die Geschichte der Kiefer**

**Vor mehr als 10 000 Jahren** besiedelte die Kiefer die Kältesteppen. **In den darauf folgenden Jahrhunderten** breitete sie sich schnell **über alle Länder** aus. **Nach einiger Zeit** wurde sie **zum Bedauern der Förster** durch die Laubbäume aus dem Wald verdrängt. Aber die Kiefer kann auch **auf schlechten Böden** überleben. Sie hat sehr tiefe Wurzeln. **Durch diesen Vorteil** gibt es die Kiefer auch **in unseren Tagen** noch.

## Aufgabe 6

**Mach aus dem Alltag ein Urlaubsparadies, indem du die modalen Adverbialien ins Gegenteil umwandelst.**

**So ist es im Alltag**

Mit unangenehmer Dudelmusik aus dem Radio beginnt der Tag. Ganz schnell stehe ich auf. Unausgeruht gehe ich ins Bad und dusche mich ohne ein Lied auf den Lippen. In aller Eile ziehe ich mich an. Mein Frühstück nehme ich im Stehen ein. Schlecht gelaunt trete ich auf die Straße. Alle Menschen blicken mich unfreundlich an. (Ach, wenn nur schon Urlaub wäre!)

*So ist es im Urlaub ...*

Folgende Wortarten kommen als Adverbialien vor:

1. **Adverb**
   Beispiel: **Jetzt** beginnt die Fahrt in der Geisterbahn.

2. **Adjektiv** (nicht dekliniert und unveränderlich)
   Beispiel: Halte dich **ganz** fest an deinen Mitfahrer!

3. **Substantivausdruck** (mit oder ohne Präposition)
   Beispiel: Und nun hinein **ins Vergnügen**!

**Beachte:**
Ein Präpositionalausdruck kann in einem Satz sowohl Objekt als auch Adverbial sein. Wie kannst du das eine vom anderen unterscheiden?

- Beim Objekt ist die Präposition fest mit dem betreffenden Verb verbunden und kann durch keine andere ersetzt werden.
- Bei der Umstandsangabe ist die Präposition nicht mit dem Verb verbunden und kann deshalb ausgetauscht werden.

Beispiele: Ich warte auf dich. (= Präpositionalobjekt)
Ich tanze nach dem Essen/danach (= Adverbial)

**Achtung:**
Die Begriffe **Adverb** und **Adverbial** klingen recht ähnlich, bedeuten aber etwas Verschiedenes.

Das **Adverb** ist eine **Wortart**. Es besteht aus einem Wort und verändert sich nicht.
Beispiele: bald, dort, heute, aufwärts, genug, etwa, allerdings

Das **Adverbial** ist ein **Satzglied** und kann aus mehreren Wörtern bestehen.
Beispiele: im Jahre 1988, am Beginn der Geisterbahnfahrt

## Aufgabe 7

**Unterscheide zwischen Adverbial und Präpositionalobjekt. Schreibe die Umstandsangaben bzw. die Verben in der Grundform zusammen mit der Präposition heraus.**

Gleich brech' ich in Entzücken aus,
In meinem Schrank, da sitzt 'ne Maus.

Nach Arbeit, Stress und Studium
Seh' ich mich nach 'nem Ketchup um.
Red' ich vom Geldgewinn im Lotto,
Fällt von der Wand das Urlaubsfoto.

Verzichte gern auf Ruhm und Geld,
Wenn endlich auf den Zähnen
meine Spange hält.

Adverbial: ______________________________

______________________________

Präpositionalobjekt: ______________________________

______________________________

______________________________

______________________________

## 10.2 Attribut

Das **Attribut** ist eine Beifügung zu einem Satzglied und bestimmt es genauer. Es ist **kein selbstständiges Satzglied,** weil es mit seinem Satzglied fest verbunden ist und nicht von ihm getrennt werden darf. Ein Attribut ist deshalb nur ein Satzgliedteil. Das Wort, das näher bestimmt wird, nennt man **Bezugswort**.

Attribute findest du leicht durch die Umstell- bzw. Verschiebeprobe heraus. Das Attribut kann immer nur zusammen mit seinem Bezugswort im Satz verschoben werden.

Beispiele: Gestern brachte Herr Neumann, unser Nachbar, einen jungen, dunkelbraunen Hund mit.

Das Attribut gehört meistens zu einem Substantiv. Wir unterscheiden:

**Adjektivattribut:**
Beispiel: ein junger, **dunkelbrauner** Hund

Das Substantiv als Attribut erscheint meist im Genitiv. Es kann aber auch mit einer Präposition angeschlossen werden.

**Genitivattribut:**
Beispiel: das dunkelbraune Fell **des Hundes**

**Attribut mit Präposition:**
Beispiel: ein Hund **aus einem Zwinger**

Als Attribute kommen außerdem vor:

| | | |
|---|---|---|
| Beispiele: | Adverb: | bei den Menschen **dort** |
| | Verb (im Infinitiv): | die Freude, **herumzuspringen** |
| | Pronomen: | ohne **irgendeine** Ahnung |

Ein Bezugswort kann auch mehrere Attribute haben.

Beispiel: ein **dunkelbrauner** Hund **aus einem Zwinger dort oben**

Eine besondere Form des Attributs ist die **Apposition.** Sie ist eine zusätzliche Erläuterung, die im gleichen Kasus wie das Bezugswort steht. Die Apposition ist durch Kommas von ihrem Bezugswort getrennt.

Beispiel: Herrn Neumann, **unserem Nachbarn,** gelang es nicht, seinen Hund an die Leine zu nehmen.

## Aufgabe 8

**Stelle durch die Verschiebeprobe fest, welche Wörter eine Gruppe bilden. Schreibe sie heraus und unterstreiche das Bezugswort.**

**Vom Diamant**

Unter allen den Menschen bekannten Dingen hat der Diamant den höchsten Wert. Man findet ihn in tiefen Bergwerken, und er ist ein Begleiter des Goldes oder des Kristalls. Auch die Macht des Feuers kann die unzerstörbare Härte nicht besiegen. Nur durch das Blut eines Bockes wird die unüberwindliche Kraft des Steines gesprengt.

## Aufgabe 9

**Wandle die Attribute, die hinter dem Substantiv stehen, in Adjektive um.**

**Eine originelle Einladung**

Der Feinschmecker **von heute** will mit einem Essen **voll Fantasie** verwöhnt werden. Machen Sie deshalb Ihre Einladung **am Abend** zu einem Ereignis. Beginnen Sie mit einer scharfen Suppe **aus Indien.** Überraschen Sie Ihre Gäste dann mit deftigen Spezialitäten **aus Deutschland:** mit leckerem Schinken **aus Westfalen** oder schwäbischen Maultaschen **mit Füllung.** Zum Abschluss empfehlen wir Ihnen eine besondere Eisbombe: Auf dem Boden der Schale **aus Porzellan** liegt ein Gutschein für ein Essen **erster** Klasse an einer Würstchenbude **mit Gemütlichkeit!** Diesen Gag werden Ihre Gäste **ohne Einfälle** sicher nicht vergessen.

## Aufgabe 10

**Suche die Attribute aus dem Text heraus. Unterstreiche das jeweilige Bezugswort.**

**Amerigo Vespucci an seinen Fürsten**

In den vergangenen Tagen schrieb ich dir von meiner Rückkehr aus den neuen Ländern. Sie waren unter dem Befehl des allerdurchlauchtigsten Königs von Portugal erforscht worden. Mit gutem Grund nennt man sie die Neue Welt; denn keines dieser Länder war unseren Vorfahren bekannt.

## Aufgabe 11

**Ordne die Attribute dem richtigen Stichwort zu.**

**Efeu**

Er wächst auf frischen, nährstoffreichen Böden und rankt sich an den Stämmen der Bäume hoch. Aus seinem Stiel bildet er kleine Wurzeln. Mit ihnen hält er sich an den Rinden der Bäume fest. Bei zunehmendem Alter ändert er die Form seiner Blätter. Die alten Griechen weihten Efeukränze dem Gott des Weines. Der Efeu ist eine immergrüne Pflanze. Aus diesem Grund legten die frühen Christen ihre Toten auf abgeschnittene Efeuzweige. Sie galten als Sinnbild der Unsterblichkeit der Seele.

| Adjektivattribut | Genitivattribut |
|---|---|
| | |

## Aufgabe 12

**Ordne die folgenden Attribute ihren richtigen Bezugswörtern zu.**

**afrikanischen – auf ihrem Pelz – des Tigers – dunklen – gestreifte hungrigen – ohne deutliches Muster – ohne Fellzeichnung – schwarzen**

Im Pflanzendickicht ist die Gestalt ____________________ mit ihren ____________________ Streifen auf dem gelben Grund kaum zu erkennen. Das ____________________ Zebra ist in den Steppen schwerer zu erkennen als das ungestreifte Gnu.

In einer Landschaft ____________________, z. B. in einer Schneelandschaft, findet man häufig Tiere ____________________. Mit ____________________ Flecken oder auffälligen Streifen ____________________ würden sie von ihren Feinden schnell entdeckt werden.

## Aufgabe 13

**Welches Satzglied wird durch ein Attribut genauer bestimmt? Ordne es zusammen mit seinen Attributen dem richtigen Stichwort zu.**

**Aus einem altindischen Text**

Hiranyakasipu hatte nicht nur einen goldglänzenden Körper, sondern besaß auch alle erdenklichen Reichtümer. Er ließ sich sogar im prachtvollen Palast des Himmelskönigs Indra nieder. Die Stufen aus Korallen in diesem Palast blendeten das Auge, und den mit Smaragden verzierten Fußboden bedeckten prächtige Teppiche. Das seidene, perlenverzierte Bettzeug war über alle Maßen schön. Die Damen des Palastes spazierten unter dem melodischen Klang der Fußglöckchen im weiträumigen Palast hin und her und betrachteten ihr eigenes Spiegelbild in glitzernden Edelsteinen.

Subjekt: ______________________________

______________________________

______________________________

Objekt: ______________________________

______________________________

______________________________

Adverbial: ______________________________

______________________________

______________________________

## Aufgabe 14

**Entscheide, ob die farbigen Wörter im Satz Adverbial oder Attribute sind.**

**Neue Erfindungen**

Auf der Erfindermesse **in Nürnberg** gibt es neben nützlichen Dingen auch recht **merkwürdige** zu sehen.

Der Schreibstift mit **individueller** Schreibmulde **für den Finger** formt sich selbstständig und **ohne Kraftaufwand** beim **ersten** Griff: Ein Abdruck **in Weichplastik** bewahrt die Form **des Fingers** und schafft so auch für später **sicheren** Halt.

Das ist **vielleicht** auch für dich interessant: **Mit 40 €** kannst du **bereits** deine Erfindung als **gesetzlich** geschütztes Gebrauchsmuster anmelden.

Adverbial: ______________________________

______________________________

______________________________

Attribut: ______________________________

______________________________

______________________________

## Aufgabe 15

**Füge folgende Erklärungen als Appositionen in die Sätze ein.**

(1) der ostfriesische Zappelphilipp

(2) eine Mischung aus Jodlern und Jux

(3) ein Durcheinander von Armen und Beinen

(4) sein trockener Humor von der Waterkant

(5) Deutschlands größter Witzbold

Wir alle kennen ihn, (1), aus Film und Fernsehen. Mit seiner Stimme, (2), reißt er sein Publikum immer wieder zu Beifallsstürmen hin. Seinen spindeldürren Körper, (3), benützt er wie eine Marionette. Mit seinen Witzen, (4), macht er sich über sich selbst und andere lustig. Ihn, (5), kennst du sicher auch.

# Online-Abschlusstest 10

Super! Du hast das **Kapitel 10 – Adverbial und Attribut** durchgearbeitet.
Du hast gelernt, dass das Adverbial die Umstände einer Handlung, eines Vorgangs oder Zustandes genauer bestimmt. Du weißt auch, welche Wortarten als Adverbialen vorkommen. Außerdem hast du erfahren, dass das Attribut ein Satzglied näher bestimmt.

So funktioniert der Online-Test:
Unter **www.notenimgriff.de** kannst du jetzt deinen Lernerfolg überprüfen.
Zu allen Themen dieses Kapitels werden dir Aufgaben gestellt. Wenn du sie bearbeitet hast, erhältst du am Ende des Tests eine Auswertung.

Willst du immer im Blick haben, welche Themen du schon kannst oder was du besser nochmals wiederholst? Dann übertrage deine Online-Ergebnisse unten in die Tabelle.
Du findest in der Tabelle alle Themen wieder, die du auch online bearbeitet hast

Viel Erfolg beim Online-Test!

## Mein Ergebnis im Online-Test – Kapitel 10

| Thema | Mein Ergebnis |
|---|---|
| Adverbiale Bestimmungen | |
| Das Attribut | |

# 11 Hauptsätze

## 11.1 Definition

Die **Art des Satzes** richtet sich danach, was du beim Hörer (oder Leser) erreichen willst. Du kannst drei Satzarten unterscheiden:

1. **Aussagesatz**
   Mit ihm kannst du etwas darstellen, erzählen, berichten, du kannst Informationen geben oder Feststellungen treffen.

   Beispiel: Ich werde ein Kunststück mit einem Papierring vorführen.

2. **Aufforderungssatz (oder Befehlssatz)**
   Mit ihm sprichst du immer eine bestimmte Person an. Du wünschst oder erbittest dir etwas von ihr, forderst sie zu einer bestimmten Tätigkeit auf oder befiehlst ihr, etwas zu tun.

   Beispiel: Nimm das Ende des Papierstreifens, drehe es einmal herum und klebe es dann am Anfang fest!

3. **Fragesatz**
   Du verwendest ihn, wenn du von einem anderen etwas erfahren willst. Die Antwort kann aus einem einzelnen Wort, einem Satz oder auch mehreren Sätzen bestehen.

   Beispiele: Willst du zaubern lernen? Antwort: Ja.
   Wie macht man das? Antwort: Du brauchst einen etwa 10 cm breiten und 1 m langen Papierstreifen …

Wenn du die **Satzart** und die **Sprechabsicht** bestimmen willst, sieh dir das Zeichen am Satzende an. Es zeigt dir, um welche Satzart es sich handelt.

| **Satzart** | **Schlusszeichen** |
|---|---|
| Aussagesatz | Es ist ein einziger Ring geblieben**.** |
| Aufforderungssatz | Sieh mir genau zu**!** |
| Fragesatz | Willst du zaubern lernen**?** |

## Aussagesatz

Der **Aussagesatz** ist die häufigste und einfachste Satzart. Mit ihm kannst du etwas **feststellen, erzählen, berichten, darstellen** oder **mitteilen**.

In einem Aussagesatz steht das Prädikat an zweiter Stelle. Bei einem mehrteiligen Prädikat befindet sich nur der finite (= konjugierte) Teil an der zweiten Stelle. Der infinite (= nichtkonjugierte) Teil steht am Ende und schließt dadurch den Satz ab.

Beispiele: Ich **zeige** dir ein zweites Kunststück.
Ich **werde** dir ein zweites Kunststück **zeigen**.

Das Satzschlusszeichen ist der **Punkt**.

### Aufgabe 1

**Bilde aus den Fragen Aussagesätze, indem du die Antwort mitverwendest.**

Beispiel: Wo kommt der Zug an? — auf Bahnsteig 22
→ Der Zug kommt auf Bahnsteig 22 an.

**Aus einem Sprachführer**

| | |
|---|---|
| 1. Wie viel kostet ein Brötchen? | 30 Cent |
| 2. Woher kommen Sie? | aus Berlin |
| 3. Wann ist das Museum geschlossen? | am Montag |
| 4. Wie komme ich zum Bahnhof? | zu Fuß |
| 5. Wie lange gilt der Fahrschein? | zwei Stunden lang |
| 6. Wohin fährt der Bus? | zum Marktplatz |
| 7. Wo muss ich umsteigen? | in Verona |

## 11.3 Aufforderungssatz

Der **Aufforderungssatz** (oder **Befehlssatz**) richtet sich direkt an eine andere Person. Dadurch versuchst du zu erreichen, dass sich der andere so verhält, wie du es willst. Das Prädikat steht deshalb in der **Imperativform** und betont am Satzanfang. In Aufforderungssätzen fehlt meistens ein ausdrückliches Subjekt. Weil die Aufforderung an eine bestimmte Person gerichtet wird, ist aus dem Zusammenhang klar, wer gemeint ist.

So kann eine Aufforderung gemeint sein:

a) als **Befehl** oder **Anweisung**
Beispiel: Nimm endlich deine Füße vom Tisch!

b) als **Empfehlung** oder **Warnung**
Beispiel: Nimm lieber nicht so viel Butter aufs Brot!

c) als **dringender Wunsch**
Beispiel: Nimm bitte den Milchtopf vom Herd!

Aufforderungssätze enden mit einem **Ausrufezeichen**. Bei Wünschen oder Hinweisen genügt oft auch ein Punkt.

Manche Aussagesätze werden durch ein Ausrufezeichen betont. Sie sind Ausrufesätze, aber keine echten Aufforderungssätze. Dies erkennst du an der Stellung des Prädikats.

Beispiele: **Pass** auf die Milch auf! (= Aufforderung)
Jetzt **hast** du doch nicht **aufgepasst!** (= Ausruf)

In manchen Aufforderungssätzen wird das Subjekt aber doch genannt. Dies ist der Fall bei Aufforderungen

a) an eine Person, die mit „Sie" angesprochen wird (Höflichkeitsform).
Beispiel: Verlassen **Sie** sofort meine Wohnung!

b) an eine Gruppe, zu der der Sprecher selbst gehört.
Beispiele: Gehen **wir** nach Hause. Lasst **uns** nach Hause gehen!

c) an eine Person, die besonders hervorgehoben ist.
Beispiel: Geh **du** nur ins Kino! Ich bleibe zu Hause.

## Aufgabe 2

**Entscheide, welche der folgenden Kurzsätze echte Aufforderungssätze sind. Unterstreiche sie.**

1. Achtung! Steht still!
2. Augen rechts! Hände auf den Tisch!
3. Rührt den Vanillepudding! Esst langsam!
4. Abtreten zum Spülen! Spült das Geschirr!

## Aufgabe 3

**Welches Substantiv könnte auch der Imperativ eines Verbs sein? Setze dahinter ein Ausrufezeichen.**

| | | | |
|---|---|---|---|
| Fahrt | Falle | Fische | Fracht |
| Kerne | Klage | Kreise | Küsse |
| Sätze | Schätze | Schneide | Sprache |

## Aufgabe 4

Logo ist eine Sprache, die ein Computer versteht. Mit ihr kannst du eine Schildkröte über ein weißes Blatt wandern lassen. Dabei zeichnet sie Linien.

**Wandle die Aussagesätze in Befehlssätze um, so dass sie der Computer versteht.**

**Die zeichnende Schildkröte**

1. Ich gehe vom Mittelpunkt hundert Schritte nach unten.
2. Ich mache eine Vierteldrehung nach links und gehe in dieser Richtung ebenfalls 100 Schritte weit.
3. Ich wiederhole dies zweimal.
4. Ich mache drei Vierteldrehungen nach rechts.
5. Ich bewege mich 70 Schritte nach vorne.
6. Ich vollführe eine Vierteldrehung nach rechts und marschiere nochmals 70 Schritte nach vorne.
7. Ich bleibe stehen und betrachte mein Kunstwerk.

**Was hat die Schildkröte gezeichnet?**

## Aufgabe 5

**Bilde Aufforderungssätze.**

**Wir kochen zusammen Milchreis (nach einem 100 Jahre alten Rezept)**

*an Klausi, deinen Bruder:*
einen Topf holen – ihn halb voll mit Wasser füllen – das Wasser zum Kochen bringen

*an Patricia, deine Freundin:*
das kochende Wasser über den Reis gießen – ihn in 1 Liter guter Milch mit etwas Salz leise kochen – dabei häufiger umrühren

*an Klausi und Patricia:*
in der letzten Viertelstunde 50 g Butter und zwei Esslöffel Zucker hinzufügen – den Reis beim Anrichten dick mit Zucker und Zimt bestreuen

*an Klausi, Patricia und mich selbst:*
an den Tisch setzen – die Köstlichkeit ganz langsam genießen

## Aufgabe 6

**Weigere dich, der Werbung zu folgen, indem du das Gegenteil willst.**

Beispiel: Treiben Sie Sport! → Ich will aber keinen Sport treiben.

**Empfehlungen für einen Muskelmann**

1. Entwickeln Sie eine gut aussehende, athletische V-Form!

___

2. Formen Sie eine schmale Taille!

___

3. Packen Sie neue Kraft in Schultern und Rücken!

___

4. Wählen Sie Ihr persönliches Fitness-Programm!

___

5. Testen Sie die Kraftmaschine Superman 14 Tage lang!

___

## Aufgabe 7

**Hier sind die Imperative vertauscht. Finde die richtigen Ratschläge.**

**Falsche Ratschläge**

1. Blas auf die Suppe, bevor du sprichst!
2. Gib Acht, bevor du nass wirst!
3. Roll die Zunge siebenmal, bevor du sie isst!
4. Hol dir einen Schirm, wenn du den Übergang nicht kennst!
5. Überquer den Strom nicht, wenn du den Kopf neigst!
6. Schau, bis du das andere Ufer erreicht hast!

## Aufgabe 8

**Formuliere Aufforderungen für die Besucher eines Erholungsgebietes.**

Beispiel: Verboten ist das Rauchen. → Rauchen Sie nicht!

Das ist verboten:
das Parken auf unbefestigten Plätzen wie Feldwegen oder Wiesen
das Abstellen von Anhängern an Uferabschnitten
das Befahren von Vogelschutzgebieten
das Ankern in der Nähe von Laichplätzen
das Missachten von Verbots- und Gebotsschildern

## Aufgabe 9

**Wandle den Ich-Bericht in ein allgemeines Rezept um.**

Beispiel: Ich nahm Milch. → Man nehme Milch!

**Rezept für einen deutschen Kaffee (nach Mark Twain)**

Ich nahm ein Fass Wasser und brachte es zum Kochen. Darauf rieb ich eine Zichorienbeere an einer Kaffeebohne und gab Erstere in das Wasser. Ich ließ den Sud abkühlen. Dann schirrte ich die Überreste einer ehemaligen Kuh vom Pflug los, gab sie in eine Presse und fügte einen Löffel von diesem blassblauen Saft, den die Deutschen Milch nennen, dem kalten Kaffee bei. Ich milderte aber dessen schädliche Kraft mit einem Eimer lauwarmen Wassers und läutete zum Frühstück. Schließlich genoss ich maßvoll und band mir zum Schluss gegen zu starke Erregung ein nasses Tuch um den Kopf.

## 11.4 Fragesatz

Mit einer **Frage** willst du von einem andern etwas erfahren, was du selbst nicht weißt, aber gerne wissen möchtest. Es gibt zwei verschiedene Arten von Fragen.

**1.** Die **Ergänzungsfrage** (oder auch: Satzfrage)

Du verlangst vom andern eine Auskunft, weil du über etwas nicht vollständig Bescheid weißt. Die Antwort informiert dich über Personen, Sachen oder Sachverhalte. Sie besteht meist aus mehreren Wörtern oder einem ganzen Satz.

Beispiel: **Was** brauche ich fürs Schwimmbad heute?
Du brauchst einen Schwimmreifen, Flossen und viel Geld.

Eine Ergänzungsfrage erkennst du schnell an ihrer Form. Sie beginnt immer mit einem **Fragewort**.

Fragewörter sind

a) Pronomen, die dekliniert werden können.

Beispiele: **Wer** geht mit ins Schwimmbad?
Mit **wem** gehst du ins Schwimmbad?

b) Adverbien, die sich nicht verändern.

Beispiele: **Weshalb / wann / wohin** gehst du zum Schwimmen?

**2.** Die **Entscheidungsfrage** (oder auch: Wortfrage)

Du stellst deine Frage so, dass der andere sie bejahen oder verneinen kann. Er entscheidet sich für eine der beiden Möglichkeiten. Die Antwort besteht meist aus einem „Ja" oder „Nein". Dazwischen liegen Antworten wie „vielleicht", „weiß nicht", „kommt darauf an".

Beispiel: Willst du den Trick mit dem Schwimmreifen kennen- lernen?
Ja gerne/noch nicht/ wenn möglich/nein.

Die Entscheidungsfrage hat, im Unterschied zur Ergänzungsfrage, kein Fragewort.

Fragesätze enden immer mit einem **Fragezeichen**.

Die zwei Fragesatzarten kannst du auch an der Stellung des Prädikats unterscheiden.
Bei der **Ergänzungsfrage** steht es – wie in einem Aussagesatz – an **zweiter** Stelle.

Beispiel: Wann **kommst** du nach Hause?

Bei der **Entscheidungsfrage** steht es – wie in einem Aufforderungssatz – an **erster** Stelle.

Beispiel: **Kommst** du heute Abend nach Hause?

Aus einer einfachen Entscheidungsfrage wird eine Wahlfrage, wenn du dem anderen zwei Möglichkeiten zur Auswahl anbietest.

Beispiel: Kommst du heute **oder** morgen? Morgen.

Ein direkter Fragesatz wird zu einem indirekten Fragesatz, wenn er von einem anderen Satz abhängig ist.

Ein indirekter Fragesatz ist immer ein Nebensatz. Daran erkennst du ihn:

a) Er hängt von einem Verb mit der Bedeutung „fragen", „nicht wissen" usw. ab.
b) Das Prädikat steht – wie in jedem Nebensatz – am Ende.
c) Es gibt kein Fragezeichen mehr.
d) Die indirekte Satzfrage beginnt mit der Konjunktion „ob".

| | **direkter Fragesatz** | **indirekter Fragesatz** |
|---|---|---|
| Beispiele: | Wann kommst du? | Ich **frage** dich, wann du **kommst**.<br>Ich **weiß nicht**, wann ich **komme**. |
| | Kommst du morgen? | Ich **frage** dich, **ob** du morgen **kommst**.<br>Ich **weiß nicht, ob** ich morgen **komme**. |

## Aufgabe 10

**Ordne folgende Antworten den passenden Fragen zu:**

**In München.** **Zu Fuß.** **10 vor 12.** **Auf einer Insel.**
**Leider nein.** **Ja immer.** **Am Montag.**

**Kostenlose Auskünfte**

1. Wie viel Uhr ist es?
2. Können Sie mir ein Eurostück wechseln?
3. Hast du Lust auf ein Eis?
4. Wo finde ich das Deutsche Museum?
5. Fahren wir mit der U-Bahn oder gehen wir zu Fuß?
6. Wann haben die Museen geschlossen?
7. Möchtest du in München oder in Hintertupfing leben?

## Aufgabe 11

**Kreuze an, um was es sich jeweils handelt: Entscheidungsfrage oder Ergänzungsfrage?**

**Für alle Postkunden**

| | Entscheidungsfrage | Ergänzungsfrage |
|---|---|---|
| 1. Was kostet ein Brief nach Peking? | ☐ | ☐ |
| 2. Wie kann ich Bücher nach Brasilien schicken? | ☐ | ☐ |
| 3. Kann ich in Polen Geld vom Postsparbuch abheben? | ☐ | ☐ |
| 4. Zu welchen Gebühren kann ich von Griechenland aus anrufen? | ☐ | ☐ |
| 5. Wie kann ich Geld in die USA schicken? | ☐ | ☐ |
| 6. Ist das Faxen nach Japan möglich? | ☐ | ☐ |
| 7. Welche Zeitschriften kann ich als Drucksache verschicken? | ☐ | ☐ |

## Aufgabe 12

**Ordne folgende Fragen den entsprechenden Antworten zu:**

**Scharfes Verhör**

| | |
|---|---|
| Was haben Sie getan? | Nicht zu Hause. |
| Haben Sie die Gummibärchen gestohlen? | Ich habe mir einen Film angesehen. |
| Hat Sie jemand dabei gesehen? | Einen Tierfilm. |
| Wann war die Vorstellung zu Ende? | Das weiß ich nicht genau. |
| Wo waren Sie gestern Abend? | Um 22 Uhr. |
| Haben Sie ein Taxi oder die Straßenbahn benützt? | Ein Taxi. |
| Welchen Film haben Sie sich angeschaut? | Bei meinem Ehrenwort: Nein! |

## Aufgabe 13

**Verwandle die Feststellungen in entsprechende Fragesätze und finde die Lösung. (Du kannst das auch im Wettbewerb mit anderen spielen.)**

Beispiel: Dieses **E** wächst in der Heide und ist ein Mädchenname.
→ Welches **E** wächst in der Heide und ist ein Mädchenname? Erika

1. Dieses **E** findest du bei einem Grautier und in deinen Büchern.
2. Dieses **B** wechselt Geld und man kann darauf sitzen.
3. Dieses **K** haben Hühner am Kopf und Menschen in der Tasche.
4. Über dieses **N** freut sich der Musiker, der Schüler aber nicht immer.
5. Dieses **B** haben manche Männer im Gesicht und braucht ein Schlüssel.

## Aufgabe 14

**Witze bestehen oft aus einer Frage und einer unerwarteten Antwort. Sortiere die Antworten zu den passenden Fragen.**

**Amerika – ein seltsames Land**

1. „Hattest du in England Schwierigkeiten mit deinem Englisch?"
   „Ich habe mir meine Amerikareise aus dem Kopf geschlagen."
2. „Weißt du, warum die Amerikaner eine andere Uhrzeit haben?"
   „Ich nicht, aber die Engländer."
3. „Warum hast du einen Verband um den Kopf?"
   „Ja. Und in manchen Jahren scheint sie noch häufiger."
4. „Scheint in Florida wirklich an 365 Tagen die Sonne?"
   „Natürlich. Amerika wurde doch viel später entdeckt!"

## Aufgabe 15

**Erfrage die farbigen Ausdrücke.**

1. Kolumbus hat **1492** einen neuen Erdteil entdeckt.

   ______________________________

2. Mit vier Schiffen ist er am 10. Oktober **auf der Insel San Salvador** gelandet.

   ______________________________

3. In den darauf folgenden Jahren unternahm er noch **drei-mal** die abenteuerliche Reise übers Meer.

   ______________________________

4. Kolumbus starb im Jahre 1506 **verarmt und von allen vergessen**.

   ______________________________

5. **Amerigo Vespucci** hat dem neuen Erdteil seinen Namen gegeben.

   ______________________________

# Online-Abschlusstest 11

Super! Du hast das Kapitel **11 – Hauptsätze** durchgearbeitet.
Du weißt, dass es unterschiedliche Arten von Hauptsätzen gibt, nämlich Aussage-, Aufforderungs- und Fragesätze, und wie sie sich unterscheiden.

So funktioniert der Online-Test:
Unter **www.notenimgriff.de** kannst du jetzt deinen Lernerfolg überprüfen.
Zu allen Themen dieses Kapitels werden dir Aufgaben gestellt. Wenn du sie bearbeitet hast, erhältst du am Ende des Tests eine Auswertung.

Willst du immer im Blick haben, welche Themen du schon kannst oder was du besser nochmals wiederholst? Dann übertrage deine Online-Ergebnisse unten in die Tabelle.
Du findest in der Tabelle alle Themen wieder, die du auch online bearbeitet hast.

Viel Erfolg beim Online-Test!

## Mein Ergebnis im Online-Test – Kapitel 11

| Thema | Mein Ergebnis |
|---|---|
| Hauptsätze | |

# 12 Nebensätze

## 12.1 Definition

In einem Text gibt es neben Hauptsätzen meist auch **Nebensätze**. Man nennt sie so, weil sie – im Unterschied zu den Hauptsätzen – nicht alleine stehen können, sondern von anderen Sätzen abhängen.

Nebensätze erkennst du schnell an der äußeren Form, weil sie anders als Hauptsätze aufgebaut sind.

1. Im Nebensatz steht das **Prädikat** immer an **letzter Stelle**.

   Beispiele: Ich verrate dir, wie man eine Münze verschwinden **lässt**. Ich verrate dir, wie der Trick **vorbereitet wird**.

2. Der Nebensatz wird durch ein Wort eingeleitet, das ihn mit dem Hauptsatz verbindet.

   Beispiel: Vielleicht hast du schon einmal einen Zauberer bewundert, **der** ein Geldstück spurlos verschwinden lässt.

Nebensätze können entweder durch Konjunktionen oder durch Relativpronomen eingeleitet werden. Wir unterscheiden deshalb zwischen **Konjunktional-** und **Relativsätzen**.

a) **unterordnende Konjunktion → Konjunktionalsatz**

   Beispiele: Die Münze verschwindet, **weil** sie zurückgezogen wird.
   **Bevor** du dein Zauberkunststück vorführen kannst, musst du in ein größeres Geldstück ein kleines Loch bohren.

b) **Relativpronomen oder -adverb → Relativsatz**

   Beispiele: Vielleicht hast du schon einmal einen Zauberer bewundert, **der** ein Geldstück spurlos verschwinden lässt.
   Der Trick, **wie** man die Münze wegzaubert, ist einfach.

Nebensätze sind wichtig, weil sie bestimmte Teile des Hauptsatzes ersetzen. Man kann Nebensätze also nicht nur nach ihrer äußeren Form unterscheiden (Konjunktionalsätze, Relativsätze), sondern auch danach, welche Teile des Hauptsatzes sie ersetzen bzw. genauer bestimmen.

Es gibt zwei Nebensatzarten:

1. **Gliedsätze** ersetzen die Satzglieder Subjekt, Objekt oder Adverbial. Du kannst sie wie die Satzglieder erfragen.

   Beispiel: Ich verrate dir **den Trick**.
   Ich verrate dir, **wie das geht**.

   Der Gliedsatz steht an der Stelle eines Akkusativobjekts.

2. **Attributsätze** bestimmen – wie ein Attribut – ein Satzglied genauer.

   Beispiel: Vielleicht hast du schon einmal **einen Zauberer** bewundert, **der ein Geldstück spurlos verschwinden lässt**.

Nebensätze sind **vollständige Sätze**. Sie besitzen dieselben Satzteile wie die Hauptsätze, sind aber anders aufgebaut. Das erkennst du leicht, wenn du einen Hauptsatz in einen Nebensatz umwandelst.

Beispiel: Die Münze verschwindet.

Das Gummiband (Subjekt) zieht (Prädikat) sie (Objekt) blitzschnell (Adverbial) in den Ärmel (Adverbial).

wenn das Gummiband (Subjekt) sie (Objekt) blitzschnell (Adverbial) in den Ärmel (Adverbial) zieht (Prädikat).

Hauptsatz und Nebensatz zusammen nennt man **Satzgefüge**. Sie sind immer durch ein Komma voneinander getrennt.

## Aufgabe 1

**Unterstreiche die Nebensätze.**

**Der Zauberhut**

Wer zaubern will, braucht einen richtigen Zauberhut. Ich sage dir, wie du einen Zauberhut selbst herstellst.
Du besorgst dir ein schönes Glanzpapier, von dem du einen Teil abschneidest. Er darf nicht breiter sein, als dein Kopf misst. Dann bindest du einen Bleistift an eine Schnur, die so lang wie der Papierbogen ist. Du hältst die Schnur an einem Ende des Papiers fest und fährst, wobei die Schnur gespannt ist, von der einen Seite des Papiers zur andern. Es entsteht ein Viertelkreis, der einem großen Tortenstück ähnlich ist. Bevor du den Zauberhut endgültig zusammenbaust, kannst du ein paar bunte Papierschnipsel daraufkleben. Zum Schluss legst du eine Seite auf die andere, so dass ein spitzer Hut entsteht. Nun musst du nur noch die Längsseiten zusammenkleben.

## Aufgabe 2

**Unterstreiche die Wörter, die die Nebensätze einleiten. Handelt es sich um Relativpronomen oder um Konjunktionen?**

**Mit Stäbchen essen – ganz einfach**

Wenn du chinesisch essen willst, musst du mit Stäbchen essen können. Mister Wang zeigt dir, was du tun musst.
Du brauchst zwei dünne Stäbchen, die mindestens 20 cm lang sind. Das erste Stäbchen klemmst du so zwischen Daumen und Ringfinger, dass es in der Beuge zwischen Daumen und Zeigefinger liegt und dort etwa 5 cm nach hinten hinausragt. Das andere Ende liegt auf der Kuppe des Ringfingers, wo es mindestens 5 cm nach vorne hinaussteht.
Mit dem Daumen drückst du es etwas fest, damit es nicht verrutscht.
Das zweite Stäbchen, das natürlich genauso lang ist wie das erste, wird nun hinzugefügt. Du hältst es, wie du es mit einem Bleistift gewöhnt bist, mit der Daumenspitze, dem Zeige- und Ringfinger. Achte darauf, dass die beiden Enden auseinander stehen, die Spitzen sich aber berühren.
Mit dem zweiten, beweglichen Stäbchen drückst du die Speisen, die immer klein geschnitten sind, gegen das erste Stäbchen. So kannst du sie, ohne dass du dich anstrengst, zum Mund führen. Nachdem du es ein paarmal geübt hast, kannst du sogar eine einzelne Erbse elegant verspeisen. Guten Appetit!

## Aufgabe 3

**Ersetze die Nebensätze durch die vorgegebenen Ausdrücke. Welches Satzglied haben die Nebensätze ersetzt?**

**im Frühling – das zunehmende Sonnenlicht – der Trick – in Hamburg – das hellere Tageslicht – die Körnerfresser**

**Weißt du alles vom Frühling?**

1. Wenn der Winter vorbei ist, beginnt die Natur sich zu regen.
2. Pflanzen können sehr genau messen, dass die Tage länger werden.
3. Wie sie das machen, ist noch ungeklärt.
4. Wo es in Deutschland ganz flach ist, blühen die Obstbäume am frühesten.
5. Dass die Tage heller werden, macht die Menschen fröhlicher und verträglicher.
6. Von den Zugvögeln kehren zuerst zurück, die sich von Körnern ernähren können und nicht auf Insekten angewiesen sind.

## Aufgabe 4

**Ordne jeden Nebensatz dem richtigen Hauptsatz zu, damit die Welt wieder in Ordnung ist.**

**Stimmt's so?**

| | |
|---|---|
| 1. Wer A sagt, | der hat die Qual. |
| 2. Wer einmal lügt, | den beißen die Hunde. |
| 3. Wer rastet, | der soll auch nicht essen. |
| 4. Wer zuletzt kommt, | dem glaubt man nicht. |
| 5. Wer nicht arbeitet, | der rostet. |
| 6. Wer die Wahl hat, | der muss auch B sagen. |

## 12.2 Adverbialsatz

**Adverbialsätze** sind Nebensätze, die in einem Satz das Satzglied Adverbial (= Umstandsbestimmung) bilden.
Ein Adverbialsatz erläutert, unter welchen Umständen etwas geschieht, vor sich geht oder ist. So kannst du das Geschehen viel genauer und ausführlicher darstellen als mit einer einfachen Angabe.
Adverbialsätze sind die häufigsten Nebensätze und fast immer **Konjunktionalsätze**.
An der einleitenden Konjunktion erkennst du die Sinnrichtung des Nebensatzes.

Adverbialsätze haben dieselben Sinnrichtungen wie Adverbialangaben. Die Sinnrichtung kannst du erfragen.

1. **Temporale Nebensätze** beschreiben die zeitlichen Umstände. Sie bezeichnen vor allem das **Zeitverhältnis** zwischen Hauptsatz und Nebensatz. Es gibt drei Zeitverhältnisse:

   a) Gleichzeitigkeit:
   Das Geschehen des Nebensatzes und das Geschehen des Hauptsatzes laufen gleichzeitig ab.

   Meist leiten folgende Konjunktionen den Nebensatz ein:
   **während, indem, wobei, als.**

   Beispiel: **Während** du **isst, sollst** du nicht **reden.**

   b) Vorzeitigkeit: Das Geschehen des Nebensatzes liegt zeitlich vor dem des Hauptsatzes.

   Meist leiten folgende Konjunktionen den Nebensatz ein:
   **nachdem, als, sobald.**

   Beispiel: **Nachdem** du die Wette also gewonnen **hast,** lässt du dir den Gewinn ausbezahlen.

c) Nachzeitigkeit:
Das Geschehen des Nebensatzes liegt zeitlich nach dem des Hauptsatzes.

Meist leiten folgende Konjunktionen den Nebensatz ein:
**bevor, ehe.**

Beispiel: **Bevor** du **beginnst**, musst du Vorbereitungen treffen.

2. **Lokale Nebensätze** machen Angaben zu örtlichen und räumlichen Umständen wie Standort, Lage, Richtung. Meist leiten lokale Adverbien den Nebensatz ein.

   Beispiel: **Wo** Wasser ist, können Pflanzen gedeihen.

3. **Modale Nebensätze** drücken die näheren Begleitumstände aus. Sie beschreiben die Situation, die Art und Weise einer Handlung oder dienen zum Vergleich.

   Wichtige modale Konjunktionen sind:
   **wobei, indem, ohne dass, als, wie.**

   Beispiel: **Wie** du dir vorstellen kannst, war diese Aufgabe nicht einfach.

4. **Kausale Nebensätze** begründen das Geschehen des Hauptsatzes. Folgende Sinnrichtungen lassen sich unterscheiden:

| **Sinnrichtung** | **Konjunktionen** |
|---|---|
| Ursache, Grund | weil, da |
| Ziel | damit, dass |
| Folge | so dass |
| Bedingung | wenn, falls |
| Einschränkung | obwohl, auch wenn |

   Beispiel: **Weil** der Film sehr gute Kritiken bekommen hat, ist das Kino immer voll.

## Aufgabe 5

**Wandle den Satz 1 jeweils in einen temporalen Nebensatz um. Die farbigen Umstandsangaben im Satz 2 geben dir einen Hinweis.**

Beispiel: Ich gehe ins Kino (Satz 1). **Zuvor** kaufe ich mir eine Karte (Satz 2).
→ Bevor ich ins Kino gehe, kaufe ich mir eine Karte.

**Ein ganz normaler Kinobesuch**

1. Ich möchte ins Kino gehen. **Vorher** telefoniere ich mit Trixi.
2. Ich verlasse das Haus. **Davor** verabschiede ich mich von meinem Vogel.
3. Ich sehe mir den Film an, **dabei** esse ich gebrannte Erdnüsse.
4. Die Werbung läuft, **dabei** schwärme ich vom letzten Urlaub.
5. Ich habe mir den Film angesehen, **danach** kaufen wir uns Pommes.
6. Wir haben die Pommes gegessen, **nachher** ist uns schlecht.

## Aufgabe 6

**Ordne die einzelnen Vorgänge zeitlich. Beachte die vorgegebenen Zeitverhältnisse (VZ = Vorzeitigkeit; GZ = Gleichzeitigkeit; NZ = Nachzeitigkeit).**

Beispiel: (VZ) Ich habe Fußball gespielt. Ich dusche mich.
→ **Nachdem** ich Fußball gespielt habe, dusche ich mich.

**Der Superschuss in Zeitlupe**

1. (GZ) Der Spieler läuft schnell an. Er setzt dabei Geschwindigkeit in Kraft um.
2. (VZ) Er hat kurz vor dem Ball abgebremst. Der Körper spannt sich.
3. (NZ) Die Muskeln beschleunigen den Oberschenkel. Sie ziehen sich am Bauch und an den Oberschenkeln zusammen.
4. (VZ) Das Knie ist abgebremst worden. Der Unterschenkel wird nach vorne geschleudert.

## Aufgabe 7

**Wandle die Sätze in kausale Nebensätze mit „damit“ um.**

Alles, was die Natur kann, gibt es in Bad XYZ:

gesunde Bergluft: **Jeder Atemzug gibt Kraft.**
bräunende Sonne: **Die Haut spürt den Urlaub.**
Wandern im Nationalpark: **Sie erleben Berg und Tal hautnah.**

Tennis, Golf, Reiten: **Der Spaß kommt nicht zu kurz.**
natürliche Thermen: **Der Körper lebt richtig auf.**
weltberühmte Badetherapie: **Sie bleiben immer jung.**

## Aufgabe 8

**Stelle fest, was die kausalen Nebensätze ausdrücken. Verwende folgende Abkürzungen: G(rund), F(olge), B(edingung), E(inschränkung), Z(iel).**

**Hausaufgaben zu viert**

In Gruppen von zwei bis vier Kindern lernt es sich leichter als alleine, weil (   ) sich die Kinder gegenseitig helfen können. Da (   ) der Druck durch eine erwachsene Person fehlt, sprechen sie offener miteinander. In kleinen Gruppen hat der Einzelne auch mehr zu sagen, so dass (   ) er sich insgesamt besser beteiligt. Falls (   ) einmal Schwierigkeiten auftauchen, können die Eltern immer noch helfend eingreifen. Obwohl (   ) sich die Kinder an diese Art zu lernen erst gewöhnen müssen, sollten Eltern es einmal ausprobieren. Sie sollten nichts unversucht lassen, damit (   ) ihre Kinder etwas mehr Spaß an Hausaufgaben bekommen.

## Aufgabe 9

**Ersetze die Adverbialsätze durch einfache Adverbialien. Folgende Umstandsangaben stehen zur Wahl:**

ohne wirklichen Gegner – im Morgengrauen – in den Parks – des Kaisers – bei ihren Atemübungen – vor mehr als 4000 Jahren – für ihre Gesundheit

**Kennst du Tai Chi?**

Als der Gelbe Kaiser um 2600 v. Chr. in China regierte, machten Soldaten Tai Chi. Sie vollführten bestimmte Bewegungen, damit sie ihre Gesundheit erhalten. Schattenboxen ist Boxen, ohne dass man sich wirklich mit einem Gegner prügelt. Heute machen Chinesen ihre Körperübungen, wo früher der Kaiser und sein Gefolge spazieren gingen. Bevor der Tag anbricht, beginnen sie mit ihren eigentümlich langsamen Bewegungen. Während sie tief Luft holen, bringen sie ihren Körper ins Gleichgewicht.

## 12.3 Attributsatz

**Attributsätze** sind Nebensätze, die ein Attribut (= Beifügung) ersetzen. Sie bestimmen oder erklären das Wort, zu dem sie gehören, genauer. Wie das Attribut hängt der Attributsatz von einem **Bezugswort** ab. Es darf nicht von ihm getrennt werden. Attributsätze können wie Attribute erfragt werden. Die entsprechenden Fragen lauten:
**Welcher, welche, welches? Welche Art von ...?**

Attributsätze sind meistens **Relativsätze**.

Die enge Verbindung zwischen Bezugswort und Attributsatz kannst du leicht am Relativpronomen erkennen. Das Bezugswort bestimmt nämlich den **Numerus** und das **Genus** des Relativpronomens.

Beispiele: **Die Karte, die** ganz unten lag, ist nun ganz oben.
Du zeigst **die Karte, deren** Vorderseite du dir vorher angesehen hast, dem Publikum.

Zwei Hauptsätze kannst du enger miteinander verbinden, indem du den zweiten in einen Relativsatz umwandelst.

Beispiele: Du sprichst die magischen Worte. Die kennt jeder Zauberer.
Du sprichst die magischen Worte, **die jeder Zauberer kennt**.

### Aufgabe 10

**Löse die unterstrichenen Attribute in Attributsätze auf.**

Beispiel: Der gehämmerte Wadenring mit Federn
→ der Wadenring, der gehämmert ist und Federn hat

**Aus einer alten Urkunde**

Dies alles raubte man dem König:
die <u>mit Gold verzierte</u> Halskette
den <u>mit einem Büschel Quetzalfedern geschmückten</u> Oberarmring
den <u>mit zwei Edelsteinen besetzten</u> Handgelenkriemen
den <u>am Knöchel befestigten</u> Schellenring
das <u>dreieckig aufragende</u> Stirnblatt
die <u>mit Türkissteinen verschönerte</u> Krone

## Aufgabe 11

**Ändere die Familiennamen in kleine Attributsätze um.**

Beispiel: Heinz Fassbinder ist ein Mann, **der ein Fass bindet**.

**Beim Wort genommen**

| | | |
|---|---|---|
| Heinrich Bärenklau | Konrad Eichenseher | Brigitte Fetthauer |
| Johanna Besenreiter | Gudrun Essenpreis | Johannes Eisenbeis |
| Roland Buchschmid | Karl Faulstich | Klara Bürstenbinder |

## Aufgabe 12

**Unterstreiche die Bezugswörter der Attributsätze.**

**Der goldene Indianer**

Bei den Indianern gab es einen Brauch, der auf uns ganz seltsam wirkt: Der König, der als Herrscher bestimmt war, musste sechs Jahre in einer Höhle, in die kein einziger Sonnenstrahl gelangen durfte, fasten. An dem Tag, an dem er gekrönt wurde, bestäubte man ihn mit Gold, das man zu Pulver zermahlen hatte. Mit einem Floß, das reich geschmückt war, fuhr er auf den See hinaus. Dort, wo er am tiefsten war, warf er das ganze Gold hinein.

## Aufgabe 13

**Ersetze die farbigen Wörter durch die folgenden Ausdrücke. Achte auf die richtige Form des Relativpronomens.**

der gefährliche Stoff – von dem Trieb einer Pflanze – ineinem Landstrich
für diesen Auftrag – eine Person – beim Einkochen – Dunst

**Curare, das Pfeilgift der Indianer**

**Das Gift,** das zur Tierjagd verwendet wird, stammt von **einer Wurzel,** die unter der Erde liegt. Die Cavere-Indianer finden die Wurzel in **einem Gebiet,** das Schlamm und fauliges Wasser hat. Für **diese Arbeit,** die tödlich ist, suchen sie im Dorf **einen Menschen,** der bereits sehr alt oder krank ist. Bei der **Herstellung** des Saftes, die langsam vor sich geht, strömt **Dampf** aus, der den „Koch" schließlich vergiftet.

## Aufgabe 14

**Welches Satzglied wird durch den Attributsatz näher bestimmt?
Achtung: Du musst nicht nur das Bezugswort finden, sondern auch seine Rolle im Satz bestimmen.**

**Wohin mit den Büchern?**

Bücher, die Sie nicht ständig zur Hand haben müssen, können Sie im Flur aufbewahren. Dort gibt es meist viel ungenutzten Raum, den Sie für nichts anderes gebrauchen können.
Wir können Ihnen mit zwei Vorschlägen, die vielleicht den Ärger mit den Büchern beseitigen, dienen.
Zunächst zeigen wir Ihnen eine Konstruktion, bei der die Regalbretter an einer Seite auf den Treppenstufen aufliegen.
Eine andere Möglichkeit ist eine Art Zwischendecke, auf der Bücher untergebracht werden.
Vielleicht haben Sie auch einen Dielenschrank, auf den Sie verzichten können.

**Einen besonders langen Attributsatz wollen wir dir nicht vorenthalten.
Es ist ein Gedicht, das sich ein Dichter vor über 200 Jahren ausgedacht hat.**

Fuß, der die Freude an der Jagd uns schenkt,
Fuß, den die Hand mit stiller Liebe pflegt,
Fuß, der das Eis zerbricht, zerstampft, zernichtet,
Fuß, den scheint's gar nichts aus der Fassung bringt,
Fuß, den es ziert, nur mittelgroß zu sein,
Fuß, der den ganzen Körper trägt und stützt,
Fuß, der dem andern folgt und ihn begleitet,
Fuß, ohne den der Leib gefangen ist,
Fuß, der uns manchen Ort zu öffnen wagt,
Fuß, der den ganzen Körper hüpfen heißt,
Fuß, der uns mit dem Aug' zusammen lenkt,
usw.

# Online-Abschlusstest 12

Toll! Du hast das **Kapitel 12 – Nebensätze** durchgearbeitet.
Du weißt jetzt, woran du Nebensätze erkennst und dass sie nicht alleine stehen können, sondern von Hauptsätzen abhängen. Außerdem kennst du den Unterschied zwischen Konjunktional- und Relativsatz und die Nebensatzarten Gliedsatz und Attributsatz. Dass ein Adverbialsatz erklärt, unter welchen Umständen etwas geschieht, ist für dich jetzt nichts Neues mehr.

So funktioniert der Online-Test:
Unter **wwww.notenimgriff.de** kannst du jetzt deinen Lernerfolg überprüfen. Zu allen Themen dieses Kapitels werden dir Aufgaben gestellt. Wenn du sie bearbeitet hast, erhältst du am Ende des Tests eine Auswertung.

Willst du immer im Blick haben, welche Themen du schon kannst oder was du besser nochmals wiederholst? Dann übertrage deine Online-Ergebnisse unten in die Tabelle.
Du findest in der Tabelle alle Themen wieder, die du auch online bearbeitet hast.

Viel Erfolg beim Online-Test!

## Mein Ergebnis im Online-Test – Kapitel 12

| Thema | Mein Ergebnis |
|---|---|
| Nebensätze | |

# LÖSUNGEN

### Aufgabe 1

| | |
|---|---|
| 1. Fehler: der Mangel | Bügelmaschine: die Mangel |
| 2. junges Tier: das Junge | Knabe: der Junge |
| 3. Meldung: die Kunde | Käufer: der Kunde |
| 4. Schutzwaffe: der Schild | Erkennungszeichen: das Schild |

### Aufgabe 2

1. ~~Das~~ Der Tau am Morgen erfrischt die müden Füße.
2. ~~Ein~~ Eine Weihnachtskiefer wird das Schmuckstück Ihrer Wohnung.
3. Auf ~~der~~ dem See tummeln sich niedliche Entchen.

### Aufgabe 3

Umlaut und Endung **-er**: Münder, Schulterblätter
Umlaut und Endung **-e**: Köpfe, Zähne, Hälse, Hände, Fäuste, Brüste, Bäuche, Füße
Umlaut und keine Endung: Fingernägel, Mägen
kein Umlaut und Endung **-e**: Haare, Arme, Beine
kein Umlaut und keine Endung: Schädel, Knöchel, Finger, Nabel, Schenkel, Knie

### Aufgabe 4

| | |
|---|---|
| 1. Verwandte: Mütter | Schraubenteil: Muttern |
| 2. Vogel: Strauße | Blumengebinde: Sträuße |
| 3. Geldinstitut: Banken | Möbel: Bänke |
| 4. Ausspruch: Worte | Bestandteil der Sprache: Wörter |
| 5. Fessel: Bande | Buch: Bände |

### Aufgabe 5

Den Chinesen **(D)** dienten zu Beginn nur drei Schnüre als „Schreibmaterial". Sie verknüpften diese in vorgeschriebener Weise und bezeichneten z. B. mit einem Knoten den Wind **(A)** und mit zwei Knoten den Donner **(A)**. Den Anfang **(A)** der Schrift vermutet man ungefähr im Jahr 2600 v. Chr. Die chinesischen Kaiser haben durch Gesetze den Schriftzeichen **(D)** eine bestimmte Form vorgeschrieben. Einem Schreiber **(D)**, der die Schrift absichtlich verunstaltet hat, wurden strenge Strafen angedroht. **Den** Entwicklungsstand **(A)** der Schrift kann man gut am Schreibzeug erkennen: Nach den Schnüren benützte man als Schreibmaterial das Schilfrohr, dann ein Bund **(A)** aus Pflanzen und schließlich den Pinsel **(A)**, mit dem man heute noch dem Papier **(D)** die seltsamen Zeichen „aufmalt". Auch die Tusche **(N)** ist eine Erfindung der Chinesen **(G)**. Kaum einem Volk **(D)** ist die Schrift wichtiger gewesen als den Chinesen **(D)**.

### Aufgabe 6

In der Wüste Afrikas liegen noch viele Geheimnisse (N, Pl) verborgen. Sie zu erforschen, haben Archäologen keine Mühen (A, Pl) und Anstrengungen (A, Pl) gescheut. Die ersten Erzählungen (A, Pl) haben die alten Griechen (N, Pl) überliefert. Sie hatten bereits vor langer Zeit ägyptische Städte (A, Pl) besucht, die heute vom Erdboden verschwunden sind. Mächtige Königreiche (N, Pl) mit unvorstellbarem Reichtum wurden von fremden Völkern erobert. Und als die Handelswege (N, Pl) zerstört waren, blieb der Bevölkerung (D, S) nichts anderes übrig, als zu fliehen. Die Häuser der Reichen (G, Pl) zerfielen, die Gebäude (N, Pl) und Tempel (N, Pl) wurden ein Opfer der Hitze (G, S) und des Windes. Es mussten erst Jahre (N, Pl) vergehen, bis die Archäologen mit Schaufel und Spaten Sand (A, S) und Geröll (A, S) von den versunkenen Städten beseitigten und so staunenden Menschen (D, Pl) die Pracht (A, S) vergangener Zeiten (G, Pl) zeigen konnten.

### Aufgabe 7

Auch die „Sprache" der Bienen hat **ein Wissenschaftler** erforscht. Schließlich ist es **einem Wissenschaftler** aus Deutschland gelungen, sie zu entziffern. Er hat herausgefunden, dass **die Bienen** bestimmte Tanzbewegungen vollführen. Damit geben sie **den Bienen** daheim im Bienenstock wichtige Informationen. Die Bienen bezeichnen z. B. den Stand **der Sonne** durch die Richtung ihrer Bewegungen. So ist **die Sonne** für alle Bienen ein wichtiger Orientierungspunkt. Auch **die Geschwindigkeit** der Tänze ist wichtig. Denn **der Geschwindigkeit** entnehmen die anderen Bienen Informationen darüber, wie reich der Tisch auf der grünen Wiese für sie gedeckt ist. Die Wörter **der Bienensprache** sind lautlos und sehen wie lustige Tänze aus. Wenn du den Bienen genau zuschaust, kannst du vielleicht auch einmal **die Bienensprache** verstehen.

**Aufgabe 8**

Die ältesten Schriftzeichen (Akkusativ Plural) Europas hat man in Frankreich gefunden. Die ältesten Schriftzeichen (Nominativ Plural) sind kleine Zeichnungen auf Holzstäben, mit denen sich die Menschen damals verständigten. Mit ihrer Hilfe haben sich die Menschen schon vor Jahrtausenden bestimmte Ereignisse der Natur (Genitiv Singular) gemerkt. Man zeichnete auf, was man der Natur (Dativ Singular) abgelauscht hatte. Den Menschen (Dativ Plural) damals bedeuteten diese kleinen Bildzeichen alles, genauso wie den Menschen (Akkusativ Singular) von heute Kino und Fernsehen interessieren. Auf einem Stab findet man z. B. den Bullen und die Kuh (Akkusativ Singular) als Zeichen für den Frühjahrsbeginn eingeritzt. Den Bullen und den Kühen (Dativ Plural), die die ersten Haustiere waren, wurde zu dieser Zeit eine große Bedeutung beigemessen. Auf diese Weise zeigte man den Jungen (Dativ Plural) die Geheimnisse der Jagd. Und diese Bilder lehrten den Jungen (Akkusativ Singular), wenn er das erste Mal auf Jagd ging, das Lebensnotwendige.
Diese „Merkzettel" unterrichteten in der nächsten Generation dann wieder die Nachkommen (Akkusativ Plural). Und die Nachkommen (Nominativ Plural) gaben ihr Wissen dann mit den Bildstäben wieder ihren Söhnen weiter.

**Aufgabe 9**

Schliemann hatte kaum die Ausgrabung (A S) der Stadt (G S) Troja beendet, als seine Begeisterung (N S) ihn weiter antrieb, versunkene Städte zu entdecken. Er nahm die Erzählungen (A Pl) der griechischen Dichter wie glaubwürdige Nachrichten (A Pl) der alten Zeiten (G Pl). So führte ihn die Sage (N S) vom sagenhaften König Agamemnon nach Mykene. Dort brachte er seltene Kostbarkeiten (A Pl) wieder ans Tageslicht, unter ihnen die goldene Maske (A S) eines Königs. Seine Entdeckungen (N Pl) bewegten damals die Welt (A S) und bis heute hat die Wirkung (N S) der wieder entdeckten Vergangenheit (G S) nicht nachlassen.

### Aufgabe 1

Einst gründete der Löwe mit dem Kalb, der Ziege und dem Schaf einen Verein zur Nahrungsbeschaffung. „**Ich (Löwe)** werde", sagte der Löwe, „mit **euch (Kalb, Ziege, Schaf)** Verlust und Gewinn redlich teilen." Eines Tages erblickt die Ziege einen Hirsch. Sie ruft ihren Vereinskameraden zu: „**Ich (Ziege)** bitt' euch: **Wir (Löwe, Ziege, Kalb, Schaf)** müssen nun zusammenhalten und den Hirsch fangen." Nachdem ihnen das gelungen, spricht der Löwe: „Wir sind vier, deshalb teile ich die Beute in vier Teile. Aber **ich (Löwe)** bin der König der Tiere und sorge für euch. Auch der zweite und der dritte Teil stehen mir zu, weil ich der Stärkste und Tapferste bin." Da meckert die Ziege: „**Du (Löwe)** betrügst **uns (Ziege, Kalb, Schaf)**!" „**Wir (Löwe, Ziege)** beide sind doch Freunde!", sagt der Löwe. „Sicher gibst **du (Ziege)** mir deinen Teil." Hebt die Pranke und verkündet: „Liebe Freunde! Denkt immer daran: Ich bin für **euch (Ziege, Kalb, Schaf)** immer ein guter Freund."

### Aufgabe 2

Im Dschungel Kambodschas sammelte Henri Mouchot, ein französischer Naturforscher, seltene Pflanzen. Eines Tages erzählte dem Naturforscher (ihm) sein eingeborener Führer von einer versunkenen Stadt im Urwald. Die versunkene Stadt (Sie) weckte sein Interesse, und der Naturforscher (er) begann zu suchen.
Ohne Gewissheit, dass es die versunkene Stadt (sie) überhaupt gibt, kämpfte der Naturforscher (er) gegen alle Gefahren. Eines Tages aber fand der Naturforscher (er) die versunkene Stadt (sie). Die versunkene Stadt Angkor Thom (Sie) hatte die Ausmaße einer Weltstadt. Die versunkene Stadt (Sie) bezaubert heute noch jeden Besucher, wenn jeder Besucher (er) die versunkene Stadt (sie) zuerst sieht.

### Aufgabe 3

1. dem kleinen Bruder die Ohren waschen
2. dem kleinen Bruder die Zähne putzen
3. den kleinen Bruder anziehen
4. ✗
5. ✗
6. ✗
7. ✗
8. den kleinen Bruder hinlegen
9. den kleinen Bruder in den Schlaf wiegen
10. ✗

### Aufgabe 4

1. Mein Mitschüler
2. Deine Besucher
3. Ihre Bewunderung
4. Mein Hunger
5. Deine Ansichten
6. Eure Vorschläge
7. Unsere Grüße
8. Mein Abschied

### Aufgabe 5

1. Der Spieler muss sein Gesicht dem Spielfeld zuwenden.
2. Er darf mit seinen Füßen entweder auf der Seitenlinie oder außerhalb von ihr stehen.
3. Beim Einwurf müssen sich seine beiden Hände über seinem Kopf befinden.
4. Dabei darf der Spieler den von ihm selbst eingeworfenen Ball nicht berühren.
5. Wenn der Spieler den Ball in das Tor seiner eigenen Mannschaft wirft, wird auf Eckstoß entschieden.
6. Der Spieler darf seinen Einwurf wiederholen, wenn es ihm nicht gelingt, durch seinen Einwurf den Ball ins Spielfeld zu befördern.

Frauenfußball:

1. Die Spielerin muss ihr Gesicht dem Spielfeld zuwenden.
2. Sie darf mit ihren Füßen entweder auf der Seitenlinie oder außerhalb von ihr stehen.
3. Beim Einwurf müssen sich ihre beiden Hände über ihrem Kopf befinden.
4. Dabei darf die Spielerin den von ihr selbst eingeworfenen Ball nicht berühren.
5. Wenn die Spielerin den Ball in das Tor ihrer eigenen Mannschaft wirft, wird auf Eckstoß entschieden.
6. Die Spielerin darf ihren Einwurf wiederholen, wenn es ihr nicht gelingt, durch ihren Einwurf den Ball ins Spielfeld zu befördern.

**Aufgabe 6**

1. Müßiggang ist aller Laster Anfang.
2. Einigen Deutschen schmeckt Sauerkraut.
3. Kein Held ist unsterblich.
4. Irgendein Schüler hat etwas Taschengeld.
5. Eine Schwalbe macht manchen Sommer.
6. Jeder ist seines Glückes Schmied.
7. Manche Morgenstund hat Gold im Mund.
8. Nach jeder Mahlzeit die Zähne putzen!

(Manche Aussagen müssen eingeschränkt werden, damit sie richtig werden.)

**Aufgabe 7**

Die (A) ersten Eroberer der (A) Inka-Städte waren Spanier. Die (Pr) hatten von den (A) unermesslichen Goldschätzen der (A) Inkas gehört. Denen (Pr) aber war das (A) gelbe Metall nicht so wichtig wie den (A) Weißen. Deren (Pr) Gier nach Gold verschonte die (A) sanften Wilden nicht. Das (Pr) war das (A) blutige Ende des (A) großen Inka-Reiches.

**Aufgabe 8**

1. Ein Giftzahnarzt ist ein Arzt, der einen Giftzahn hat.
2. Eine Löschblattlaus ist eine Blattlaus, der Löschblätter schmecken.
3. Eine Suppengrünanlage ist eine Grünanlage, auf der Suppengrün wächst.
4. Ein Fußballerstammtisch ist ein Tisch, an dem Fußballer sitzen.

**Aufgabe 9**

Ich spreche von einem Dingsda,
das einen großen Mund und lange Zähne hat,
vor dem die Menschen Angst bekommen,
dessen Fußspuren so groß wie der Tisch sind,
das es gar nicht gibt,
dem es im Moor am besten gefällt.
Gemeint war ein Monster.

**Aufgabe 10**

2. Frage: Wem hat mein Eis geschmeckt?
3. Frage: Wessen Nase hat an meinem Pudding geschnuppert?
4. Frage: Welche beiden Zwerge haben meine Pommes frites verdrückt?
5. Frage: Mit wem ist mein Kartoffelsalat verschwunden?

### Aufgabe 1

a) Vorzüge:
tief**e** Ladekante
verstellbar**er** Gurt
geräumig**er** Kofferraum
bequem**er** Vordersitz

b) Nachteile:
lahm**er** und laut**er** Sechszylinder-Motor mit schwach**er** Leistung
gering**e** Reichweite durch klein**en** Tank
unsicher**es** Fahrverhalten bei schnell**en** Geschwindigkeiten
mäßig**e** Fahrsicherheit wegen schwammig**er** Lenkung

### Aufgabe 2

Manch erfahrener Mallorca-Kenner weiß es längst: Auf dieser schönen Insel haben wir für alle sonnenhungrigen Urlauber aus der sagenhaften Fülle die besten Angebote ausgewählt. Damit Ihre kostbaren Urlaubstage gelingen, bieten wir Ihnen die größte Auswahl: Sie reicht von der einfachen Pension bis zum gepflegten Hotel und stellt auch anspruchsvolle Gäste zufrieden.
Genießen Sie die inseltypische Kochkunst. Es lohnt sich, die herzhaften Leckerbissen und die fangfrischen Fische aus dem Meer zu versuchen. Für jene aktiven Urlauber, die nicht nur faulenzen wollen, gibt es bei uns ganz tolle Möglichkeiten, die Sie woanders kaum finden werden. **(15)**

### Aufgabe 3

1. a) Durch mildes Klima vielfältige Pflanzenpracht!
   b) Durch das milde Klima die vielfältige Pflanzenpracht!
   c) Durch ein mildes Klima eine vielfältige Pflanzenpracht!
2. a) Süßer Duft tropischer Früchte in unberührter Natur!
   b) Der süße Duft der tropischen Früchte in der unberührten Natur!
   c) Ein süßer Duft tropischer Früchte in einer unberührten Natur!
3. a) Kunstvolle Bauwerke aus ruhmreicher Vergangenheit!
   b) Die kunstvollen Bauwerke aus der ruhmreichen Vergangenheit!
   c) Kunstvolle Bauwerke aus einer ruhmreichen Vergangenheit!

### Aufgabe 4

a) 1. Das Wetter blieb unverändert.
   2. Das Haus ist rosa.
   3. Meine Freundin war krank.
   4. Der Kühlschrank stand offen.
   5. Dein Bruder wurde ärgerlich.
   6. Die Sonne schien hell.

b) Sätze 2, 4, 5 als Pluralsätze:
   2. Die Häuser sind rosa.
   4. Die Kühlschränke standen offen.
   5. Die Brüder wurden ärgerlich.

### Aufgabe 5

**Gescheiter Blödsinn**

Dunkel war's, der Mond schien hell,
schneebedeckt die grüne Flur,
als ein Wagen blitzesschnell
langsam um die Ecke fuhr,
während ein erschoss'ner Hase
auf der Wiese Schlittschuh' lief.

Und auf einer roten Bank,
die blau angestrichen war,
saß ein blond gelockter Jüngling,
mit kohlrabenschwarzem Haar,
neben ihm 'ne alte Schachtel,
zählte kaum ein ganzes Jahr.

### Aufgabe 6

| attributiv | prädikativ | adverbial |
|---|---|---|
| schwabbrig | lupfig | ölmisch |
| knostrig | zarblich | flitschig |
| dapprich | | |

### Aufgabe 7

1. –
2. sorgfältiger Vergleich der Einzelteile
3. genaue Angabe der Ersatzteilnummern
4. umgehende Hilfe
5. –
6. herzlichen Glückwunsch

### Aufgabe 8

Zweiteiliger Jogging-Anzug aus **hautsympathischer** Baumwolle für **sportlich interessierte** Mädchen. **Langärmeliges** Sweatshirt in **großzügiger** Verarbeitung und **lässigem** Schnitt, mit **weich gefütterten** Schultern. Dazu eine **aktuell gemusterte** Hose.

### Aufgabe 9

1. Der Kolibri baut ein gröberes Nest als die Spinne, aber ein feineres als der Seeadler.
2. Das Murmeltier hat im Winter kälteres Blut als der Wolf, aber wärmeres als der Frosch.
3. Der Hund benimmt sich dümmer als der Papagei, aber klüger als das Huhn.
4. Der Pandabär ist stärker als der Koalabär, aber schwächer als der Eisbär.
5. Der Affe sieht in der Nähe besser als der Karpfen, aber schlechter als die Antilope.

### Aufgabe 10

1. ICE fahren ist eine schöne Art, bequem ans Ziel zu kommen!
2. Mit der Lernmaske XYZ lernen Sie so schnell wie bisher!
3. XYZ – Lautsprecherboxen! Musik – so begeisternd wie im Konzertsaal!
4. Der NS 850 Ski-Schuh zeichnet sich durch hohen Komfort aus!
5. 12 feine Gebäcksorten für den verwöhnten Gaumen!
6. Gönnen Sie sich weite Flüge zu billigen Preisen!
7. Unser Waschmittel bringt strahlendes Weiß!

### Aufgabe 11

a) **Adjektive, die unveränderliche Eigenschaften bezeichnen:**
schwedisch, international, einig, nass, nüchtern, fit

b) **Adjektive, die bereits superlativische Bedeutung haben:**
außergewöhnlich, besonders, letzt, absolut, total, optimal

c) **Adjektive, deren Bedeutung verneint ist:** hoffnungslos, ungünstig

d) **Adjektive, die von der Form her Partizipien sind:**
strahlend, aufgeweicht, vergangen

### Aufgabe 1

Am vorletzten Tag der Traumreise fliegst du nach Katmandu, der Hauptstadt von Nepal. Dort musst du Patan, die uralte Königsstadt, besuchen. Du siehst herrliche Tempel mit prachtvollen Toreingängen. Und in Bodnath darfst du den berühmten Buddha bestaunen, der in alle Himmelsrichtungen blickt. Wenn du magst, kannst du dir in malerischen Cafés eine Ruhepause gönnen. Du isst zuckersüßes Gebäck und nimmst honigsüßen Tee zu dir. Und in unserem First-Class-Hotel schläfst du in orientalischem Luxus. Diesen Tag vergisst du ganz sicher nicht.

### Aufgabe 2

| **Infinitiv** | **Partizip I** | **Partizip II** |
|---|---|---|
| sprechen | schreiend | ausgedehntest |
| gehen | Furcht einflößend | vorgefunden |
| beschenken | schwingend | gelaufen |
| verstehen | drohend | angeordnet |
| landen | davonlaufend | mitgeführten |
| lassen | | gesonnen |

### Aufgabe 3

1. Wer sich zu wild gebärdet,
2. muss büßen.
3. Das bekamen einige indische Elefanten zu spüren,
4. die in den letzten Wochen großen Schaden angerichtet hatten.
5. Nachdem man sie eingefangen hatte,
6. mussten sie drei Wochen lang eine „Elefanten-Schule“ besuchen.
7. Wenn sie „anständiges Benehmen gegenüber den Menschen“ gelernt haben,
8. dürfen sie später als Paradetiere bei religiösen Festen auftreten.

### Aufgabe 4

| **Zeitstufe** | **Satznummer** |
|---|---|
| Vergangenheit: | 2, 3 |
| Gegenwart: | 1, 4 |
| Zukunft: | 5 |

### Aufgabe 5

1. Ganz früh am Morgen **ritten** wir mit unseren Pferden aus.
   Welch ein herrlicher **Ritt** über die grünen Wiesen!
2. Über einem Hindernis **riss** sich Brigitte die Hose auf.
   Den **Riss** nähte danach ihre Mutter mit einem Flicken zu.
3. Auf dem Turnierplatz **strichen** Anna und Lena die Hindernisse an.
   Der Trainer lobte sie: „Den **Anstrich** habt ihr gut hinbekommen."
4. Dabei **pfiff** er anerkennend durch die Zähne.
   Aber es war nur ein leiser **Pfiff**, den die anderen leider nicht hörten.
5. Im Stall **griff** Martin dem Schimmel in die dicke Mähne.
   Aber den **Griff** bemerkte der Schimmel gar nicht.
6. Nur ein kleines Tierchen **floh** springend davon.
   Kaum zu glauben. Es war ein **Floh**!

### Aufgabe 6

1. Die Arbeiter fällten den Baum, und dann fielst du darüber.
2. Noch schwammen die Fische im Wasser. Aber wer schwemmte das Gift heraus?
3. Alle Wege führten nach Rom, deshalb fuhren wir auch nach Rom.
4. Du beugtest das Substantiv. Ich bog den Stahl.
5. Das Kind setzte sich auf den Stuhl. Dann saß es da und guckte.

### Aufgabe 7

Meistertitel haben die Münchner Bayern am Fließband gesammelt. Der Lorbeer der Konkurrenz ist verwelkt. Titel in Serie: Keinem ist das bisher gelungen. Und keiner hat mehr Zuschauer begrüßt, keiner hat mehr verdient, keiner hat häufiger gewonnen und ist länger ungeschlagen geblieben. Der FC Bayern hat der Bundesliga Glanz verliehen. Was hat die Mannschaft dafür gekonnt, dass die Gegner so schwach auf der Brust gewesen sind?
Gleich zu Beginn haben sich die Münchner an die Spitze gesetzt, zu früh, wie der Trainer gefunden hat.

### Aufgabe 8

| | |
|---|---|
| liegt: | Präsens Aktiv |
| befand: | Präteritum Aktiv |
| wurde: | Präteritum Aktiv |
| war zerstört worden: | Plusquamperfekt Passiv (Vorgangspassiv) |
| werden gemacht: | Präsens Passiv (Vorgangspassiv) |
| hat entdeckt: | Perfekt Aktiv |
| eingemeißelt sind: | Perfekt Passiv (Zustandspassiv) |

### Aufgabe 9

1. Nur durch einen Zufall wird die Höhle von Lascaux 1940 entdeckt. (VP)
2. In ihr gibt es Malereien, die vor 17 000 Jahren entstanden sind. (A)
3. Die schönsten Bilder wurden in einem engen Gang gefunden. (VP)
4. Besonders rätselhaft ist der Mann mit dem Vogelkopf. (A)
5. Noch heute ist der Ort von einem geheimen Zauber erfüllt. (ZP)

### Aufgabe 10

1. Immer mehr **wird** das Flugzeug das ideale Verkehrsmittel **(PrA)**, um von Europa in ferne Länder zu kommen.
2. Nach Indien **werden** auch zahlreiche Charterflüge **angeboten (PrP)**.
3. Dadurch **wird** der Urlaub billiger **(PrA)**; da **wird** man gerne auf einigen Komfort **verzichten (FA)**.
4. Damit Ihr Urlaub ein Genuss **wird (PrA)**, wenden Sie sich an Ihr Reisebüro.
5. Dort **wird** man Sie freundlich **beraten (FA)**; außerdem **werden** alle Formalitäten zuverlässig **erledigt (PrP)**.

### Aufgabe 11

1. Man reibe die Schüssel mit einer Knoblauchzehe aus.
2. Man zerkleinere die Zutaten für die Soße, verrühre diese und lasse alles etwas ziehen.
3. Man gieße die Soße über den Salat und mische rasch durch.
4. Man richte den Salat erst kurz vor dem Verzehr an.
5. Tipp: Man schüttle die Soße in einem Schraubglas kräftig durch.

### Aufgabe 12

Man sagt,

1. das Taj Mahal sei das schönste Grabmal der Erde.
2. es werde von keinem anderen Bauwerk an Glanz und Pracht übertroffen.
3. ein indischer Kaiser habe es für seine verstorbene Frau erbaut.

Man vermutet,

4. dieses Grabmal solle den Menschen als ein Mahnmal für die Macht der Liebe dienen.
5. der Kaiser habe 20 000 Arbeiter beschäftigt und zwei Jahre benötigt, um das Bauwerk fertig zu stellen.
6. er habe auch vorgehabt, für sich selbst ein pechschwarzes Grabmal errichten zu lassen.

Man erzählt sich,

7. sein Wunsch sei es gewesen, die beiden Grabstätten durch eine silberne Brücke zu verbinden.
8. sein Sohn aber habe ihn in einer nahe gelegenen Festung einsperren lassen.

**Aufgabe 13**

Es wäre schön, wenn

1. der Nürnberger Trichter **funktionierte** (*oder:* **funktionieren würde**).
2. die Stühle in der Schule gepolstert **wären**.
3. am Wandertag die Schüler nach Indien **führen**.
4. man die Regeln der Grammatik im Schlaf **lernte** (*oder:* **lernen würde**).
5. jeder für die Teilnahme am Unterricht 50 € **bekäme**.
6. die deutschen Schüler in Europa die längsten Ferien **hätten**.

**Aufgabe 14**

| | |
|---|---|
| Zwilling: | Du wirst eine wichtige Persönlichkeit kennenlernen. Schlage eine Bitte um Hilfe nicht ab. Gib dem Gefühl nach und hilf ohne Bedenken. |
| Löwe: | Vergiss deine Freunde nicht und zeige ihnen, wie wichtig sie dir sind. Morgen wirst du dich so wohl wie schon lange nicht mehr fühlen. |
| Waage: | Ein großer Wunsch wird in Erfüllung gehen. Wirf deine Hemmungen ab. Lade Freunde ein und feiere. |
| Skorpion: | Du wirst leise Wehmut spüren, wenn du an einen bestimmten Menschen denken wirst. Melde dich doch einfach bei ihm. |
| Schütze: | Lass dich zu nichts Anstrengendem überreden. Nimm dir nichts vor, was deine Kräfte übersteigen wird. Wirf nicht deine guten Vorsätze über Bord. |
| Wassermann: | Schreibe dir mal deine Pläne auf. Sieh den Schwierigkeiten ins Auge. |

**Aufgabe 15**

1. Dem Paket **muss** eine Paketkarte beigelegt werden.
2. Bis zu 10 Pakete an denselben Empfänger **dürfen** auf einer Paketkarte zusammengefasst werden.
3. Für die Aufschrift des Pakets **soll** der amtliche Klebezettel verwendet werden.
4. Paketkarten **dürfen nicht** für Paketaufschriften verwendet werden.
5. Die Aufschrift des Pakets **muss** in allen Angaben mit der Paketkarte übereinstimmen.

**Aufgabe 16**

| | |
|---|---|
| erlaubt: – | nicht erlaubt: 3 |
| notwendig: 1, 2, 4, 7, 8, 11 | nicht notwendig: – |
| beabsichtigt: 12 | nicht beabsichtigt: 5 |
| erwartet: 6, 10, 13 | nicht erwartet: – |
| möglich: 9 | nicht möglich: |
| erwünscht: – | nicht erwünscht: 14 |

### Aufgabe 1

1. Zunächst wird der junge Hengst in die Mitte der Reithalle geführt.
3. Jetzt wird der Reiter dicht neben dem Pferd mehrmals hochgehoben.
6. Hierauf lässt der Reiter ganz langsam sein Gewicht auf den Sattel nieder.
2. Unterdessen ist der Reiter unauffällig neben das Pferd getreten.
7. Zugleich muss das Pferd ein paar Schritte nach vorwärts tun und das ganze Gewicht des Reiters tragen.
4. Dann hebt der Reiter vorsichtig erst das eine Bein über den Sattel.
5. Einstweilen stützt er sich lediglich auf den Sattel, ohne sich hinzusetzen.
8. Zuletzt zieht der Reiter das zweite Bein nach und sitzt auf dem jungen Pferd, ohne es erschreckt zu haben.

### Aufgabe 2

1. Was ein Häkchen werden will, krümmt sich beizeiten.
2. Jedes Mal, wenn die Schule beginnt, packt mich sofort die Schlafkrankheit.
3. Wer mit dem Leben spielt, kommt nie zurecht, wer sich nicht selbst befiehlt, bleibt immer ein Knecht.
4. Wenn einst in fernen Tagen mein Name wird genannt, dann kannst du sehr wohl sagen: die hab ich auch gekannt.
5. Manchmal ereignet sich im Augenblick, was man bislang erhofft hat.

### Aufgabe 3

1. Beim Tennisspielen fliegt der Ball immer hin und her.
2. Beim Schwimmen geht es im Wasser drunter und drüber.
3. Beim Klettern muss der Bergsteiger hinauf und hinunter.
4. Beim Fechten springt man vor und zurück.
5. Beim Drachenfliegen ist man bald hier und bald dort.
6. Beim Ringen liegt der eine oben und der andere unten.

### Aufgabe 4

**temporale Adverbien:** anfangs, dann, nun, sogleich, bereits, mehrmals, zuerst
**lokale Adverbien:** nebeneinander, oben, links

### Aufgabe 5

Dein Aufsatz ist besonders (+) im ersten Teil gelungen. Teilweise (–) macht das Lesen deiner Erlebniserzählung richtig Spaß. Dagegen (x) hast du im zweiten Teil dir weder (–) große Mühe gegeben noch (–) das Thema genau beachtet. Der Höhepunkt ist kaum (–) erkennbar. Außerdem (+) hast du ziemlich (–) wenig anschauliche Adjektive verwendet. Jedoch (x) ist der Schluss recht originell. Deine Arbeit wird den Anforderungen einigermaßen (–) gerecht.

**Aufgabe 6**

1. Zweifellos war Kolumbus einer der größten Entdecker.
2. Sicherlich (bestimmt) ist er einem großen Irrtum erlegen.
3. Irrtümlicherweise hat er den Seeweg falsch berechnet.
4. Möglicherweise hat er sein Unternehmen nicht sorgfältig vorbereitet.
5. Glücklicherweise entdeckte er dabei Amerika.
6. Bedauerlicherweise (leider) ist Kolumbus arm und einsam gestorben.

**Aufgabe 7**

Jeder Hund ist ein Rudeltier. Deshalb **(Grund)** ist es wichtig, dass immer Menschen um ihn herum sind. Es ist dazu **(Folge)** notwendig, ihn nie längere Zeit alleine zu lassen. Sonst **(Bedingung)** verkümmert seine Seele, und er wird folglich **(Folge)** eher krank als ein glücklicher Hund. Wozu **(Zweck)** braucht der Hund den Menschen noch? Genau genommen zum Gehorchen. Der Hund braucht nämlich **(Grund)** ein Leittier, das ihm überlegen ist. Notfalls **(Bedingung)** muss man ihm das mit Strenge klarmachen. Sonst **(Bedingung)** wird er machen, was er will. Deshalb **(Grund)** muss der Mensch auch dafür sorgen, dass der Hund sein Futter bekommt. Dadurch **(Grund)** gewöhnt er sich noch mehr an sein „Herrchen".

**Aufgabe 8**

1. **Wie** wird ein Hund richtig erzogen?
2. **Wofür/Wozu** musst du dir viel Zeit nehmen?
3. **Womit** klappt es am besten?
4. **Wodurch** lernst du, sein Verhalten schnell zu verstehen?
5. **Wann/Wie** oft braucht dein Hund Lob und Ermunterung?
6. **Wovor** hat ein Hund am meisten Angst?

### Aufgabe 1

| **Standort, Lage** | **Richtung, Ziel** |
| --- | --- |
| unter den dunklen Palmen | an den Strand |
| an dem dunklen Himmel | auf das tiefblaue Meer |
| über Ihnen | hinter den Horizont |
| hinter sich | zwischen Ihre Träume |

### Aufgabe 2

Lieber Kunde, Sie reisen **in einem unserer Großraumwagen**.
Ihrer Bequemlichkeit dienen:
- Sitze mit verstellbarer Armlehne
- Hochklappbare Armlehne **zwischen den Sitzen**
- Leseleuchten **über jedem Platz**
- Klapptisch **vor jedem Sitzplatz in der Rückenlehne** des Vordersitzes
- Regale für Gepäckstücke **neben den Eingängen**
- große Abfallbehälter **an den Türen**
- **in den Einstiegsräumen** ein Hinweisschild **zum Zugrestaurant**

### Aufgabe 3

temporale Präpositionen ...
mit Genitiv: während der sechs kühlen Monate, in kurzer Zeit
mit Dativ: von Oktober bis März, am darauf folgenden Mittwoch, bei Tagesanbruch, in aller Eile, in früheren Jahren, seit dieser Zeit, in unseren Tagen, bei dieser Reise, aus vergangenen Tagen
mit Akkusativ: auf den heutigen Tag

### Aufgabe 4

1. Gehen Sie **mit** festen Schuhen und mit dem Kletterseil ins Gebirge.
2. Verzehren Sie Ihr Essen **ohne** Hast und **ohne** Eile.
3. Steigen Sie nur **mit** der Erlaubnis des Hüttenwirts auf.
4. Nehmen Sie alles Nötige mit, **einschließlich** eines Notsignals.
5. Seien Sie **bis zum** gesunden Maß ehrgeizig.
6. Befolgen Sie diese Hinweise **mit/nach** aller Vernunft.

### Aufgabe 5

1. Anlässlich des Geburtstages von Kaiser Franz
2. Aufgrund kräftigen Knoblauchgenusses
3. Wegen angeborener Antriebsschwäche
4. Gemäß einstimmigen Familienbeschlusses
5. Aus unerfindlichen Gründen
6. Auf ausdrücklichen Wunsch meines Katers
7. Nach uralter Indianerweisheit
8. Infolge plötzlichen Wintereinbruchs

### Aufgabe 6

**kausale Präpositionen mit Genitiv:** laut einer Umfrage, infolge schlechter Erfahrungen, wegen der vielen Freunde, trotz mancher Regenfälle, dank der Bundesbahn
**kausale Präpositionen mit Dativ:** aus finanziellen Gründen, zur Erholung, ihren Kindern zuliebe, nach Lust und Laune

### Aufgabe 7

**lokale Präpositionen mit Akkusativ:**
durch die Backstube, in einige Krapfen, in den weichen Teig
**temporale Präpositionen mit Dativ:**
vor etwa 350 Jahren, im Jahr 1635, seit diesen Tagen, bei allen Hofbällen
**kausale Präpositionen mit Dativ:**
aus lauter Wut, vom Ergebnis, einer Wiener Chronik zufolge
**modale Präpositionen mit Akkusativ:**
gegen alle Erwartung, für die Menschheit, ohne den Krapfen

### Aufgabe 1

Hiermit erkläre und bekenne ich, dass ich zwei Hamburger umgebracht habe. Aber ich bitte um Milde und um Gnade. Denn ich wurde durch einen Wiener oder Frankfurter dazu gezwungen. Das rote Blut auf meinen Lippen und in meinen Haaren stammt aus einer Ketchupflasche oder etwas Ähnlichem. Ich versichere und beschwöre, dass die Hamburger weder Schmerzen noch Qualen erdulden mussten. Ich bin mit einer harten, aber gerechten Strafe einverstanden. In Zukunft werde ich nicht nur den Hamburgern, sondern auch den Wienern und Frankfurtern aus dem Weg gehen.

### Aufgabe 2

Der Körper des Menschen ist nicht überall gleich warm: **Am kältesten** ist es an den Zehenspitzen, während sich die Haut an der Schulter ungefähr so **warm wie** unter der Achsel anfühlt. Die Körpertemperatur misst man **am besten** im Mund, weil die Schleimhaut **genauere** Werte gibt **als** andere Körperteile. Wenn du aufwachst, fühlst du dich meist **frischer als** am Abend. Kein Wunder: Dein Körper ist um 6 Uhr **kühler als** 12 Stunden **später**.

### Aufgabe 3

1. Ehe der Wecker klingelt, hat die Mutter bereits das Frühstück gemacht.
2. Nachdem der Wecker geklingelt hat, wacht Klausi auf und dreht sich nochmals auf die Seite.
3. Während Klausi genüsslich seine Haferflocken mit Schoko verzehrt, hört er den neuesten Schlagern aus dem Radio zu.
4. Während die erste Stunde begonnen hat, liest Klausi die Sportnachrichten.
5. Nachdem der Rundfunksprecher wie jeden Tag sein Programm unterbrochen hat, ruft er: „Jetzt aber los, Klausi!"

### Aufgabe 4

**gleichzeitig:**
Während/Als Fernando Cortez für Spanien das Reich der Azteken eroberte, entdeckte er auch das Getränk Xocoatl.
**vorzeitig:**
Nachdem Fernando Cortez für Spanien das Reich der Azteken erobert hatte, brachte um 1530 das erste spanische Schiff Kakaokerne nach Europa. Seitdem es schnell die Herzen und die Gaumen der Genießer erobert hatte, musste man in Preußen eine Extra-Steuer dafür bezahlen.
**nachzeitig:**
Bis sich heute jeder mit wenig Geld Xocoatl kaufen kann, musste man in Preußen eine Extra-Steuer dafür bezahlen.
Heutzutage nennt man bei uns die Xocoatl Schokolade.

**Aufgabe 5**

Die Seife ist ganz mild, **so dass (Folge)** ihr Schaum auch nicht einmal in Kinderaugen brennt. **Falls (Bedingung)** Sie eine sehr empfindliche Haut haben, können Sie die Seifencreme auch noch mehr verdünnen. Geben Sie zusätzlich ein paar Tropfen Kräuteröl hinzu, **wenn (Bedingung)** Sie eine strapazierte Haut haben, **weil (Grund)** sie z. B. zu viel Sonne abbekommen hat. Benützen Sie ein Rührgerät, **damit (Zweck)** die Zutaten sehr gut vermischt werden. **Wenn (Bedingung)** die Mischung zu flüssig geworden ist, fügen Sie einige Gramm Verdicker hinzu.
Noch ein Hinweis: Experimentieren Sie mit den Mengen, **obwohl (Einräumung)** die Zutaten nicht gerade billig sind.

### Aufgabe 1

1. Ein kleiner Hund bellt.
2. Eine Nachtigall ruft.
3. Ein Vogel schreit.
4. Ein Kirschbaum blüht.

### Aufgabe 2

1. Die Magd frühstückt.
2. Die Bäuerin buttert.
3. Der Bauer zürnt.
4. Die Kuh kalbt.
5. Das Eisen rostet.
6. Das Korn schimmelt.

### Aufgabe 3

1. Ich hamstere alles Essbare.
2. Ich robbe durchs Feld.
3. Ich mause Nüsse.
4. Ich büffle für die Prüfung.
5. Ich lahme.
6. Ich berlinere.
7. Ich schriftstellere in meiner Freizeit.
8. Ich vagabundiere durch die Gegend.

### Aufgabe 4

1. Wir fertigen Lampenschirme nach Ihren Entwürfen. Standardschirme vorrätig.
2. Früh-Rentner, absolut zuverlässig, übernimmt Kurierdienste/Flüge In- und Ausland/ Eilaufträge.
3. Im „Schlaf" Geld verdienen! Gerne vermitteln wir kostenl. Ihre Whg. etc.

**Aufgabe 5**

1. Das Wundersofa macht endlich Schluss mit den schweißtreibenden Übungen.
2. Sechs verschiedene Geräte machen Sie auf angenehme Weise fit.
3. Auf der Trainingsliege wird mit einer sanften Wellenbewegung der Kreislauf angeregt.
4. Durch die vierte Übung werden Pfunde an Bauch und Hüften weggeschmolzen.
5. Der Po-Trainer kann Orangenhaut an den Oberschenkeln abbauen.
6. Durch die Klappmesser-Übung werden Sie bis zu 20 Pfund abnehmen.
7. Nach dem Training dürfen Sie sich noch unter dem Solarium die richtige Urlaubsbräune holen.

**Aufgabe 6**

Die Waikiki-Bucht ist weltberühmt. – Dieser Urlaub ist wunderschön. – Die Sandstrände sind glitzernd-schwarz. – Die Palmen sind riesig. – Die Straßen von Honolulu sind verwinkelt. – Die Spezialitäten der Köche aus China sind köstlich. – Der Naturpark Sea Life ist herrlich. – Die Delphine sind gezähmt. – Die Fische sind farbenprächtig. – Der Himmel ist tropisch-blau. – Die Tanzdarbietungen der Einheimischen sind fröhlich.

**Aufgabe 7**

Eine Katze miaut. Eine Taube gurrt. Ein Frosch quakt. Ein Hahn kräht. Ein Hund kläfft. Eine Biene summt. Ein Schwein grunzt. Ein Stier brüllt. Eine Lerche tiriliert.

**Aufgabe 8**

| | |
|---|---|
| 1. Die **Tür** springt auf. | Die **Mutter** springt auf. |
| 2. Das **Streichholz** brennt. | Der **Schnaps** brennt. |
| 3. Der **Hund** leckt. | Der **Eimer** leckt. |

**Aufgabe 9**

Bereits 1980 wurde in Kalifornien **ein Kaugummi** zu einer riesigen Blase aufgepustet. **Er** erreichte den sagenhaften Durchmesser von 48,9 cm! Bis heute hat **niemand** diese Superleistung übertreffen können. Aber **dein Lehrer** darf dich beim Training in der Schule nicht erwischen.

An der Haltestelle wartet **der große Fußballstar Pele Knallschuh** auf seinen Bus. Wie im Training übt **er** das schnelle Dribbeln. Das sieht **eine alte Dame**. Da geht sie auf ihn zu und sagt: „Junger Mann! Dort drüben ist **eine Toilette**."

### Aufgabe 10

So bastle ich ein Kaleidoskop

Am besten du besorgst dir drei kleine Spiegel (20 cm lang, 4 cm breit). Billiger ist allerdings Spiegelfolie. Außerdem werden Pappe, Buntpapier oder bunte Glasscherben und Haushaltsfolie benötigt.

Zunächst werden die Spiegelteile zu einem Dreieck zusammengestellt und mit Klebebändern festgemacht. Ein Ende wird dann mit der durchsichtigen Haushaltsfolie verschlossen. Nun füllst du die dreieckige Röhre mit den bunten Glasscherben oder Papierschnipseln. Zum Schluss wird die Folie auch über dem anderen Ende befestigt.

### Aufgabe 11

**Substantiv:** Dreieck, Kanten, Halme, Folie, Luft, Flugbahn

**Pronomen:** du, man, ich

### Aufgabe 12

**Verb:** still sitzen, fliegen, zwitschern, überleben wollen

**Adverb:** auf und nieder, heute

**Adjektiv:** jung, stark

### Aufgabe 1

Der Hase jagt die Maus.
Der Hund jagt den Hasen, die Katze, die Maus.
Die Katze jagt den Hasen, den Hund, die Maus.
Der Hund verbellt den Hasen, die Katze, die Maus.
Der Elefant zertritt die Fliege.
Die Fliege sticht den Elefanten, den Löwen.
Der Löwe zertritt die Fliege.

### Aufgabe 2

1. Ich sehe dich/Sätze/den Honig/~~nicht~~/~~fern~~/das Radio/~~zwei Engel~~
2. Ich höre das Plätschern des Baches/meinen Vater/~~die Rose~~
3. Ich rieche ~~das Knistern des Feuers~~/frisches Heu/~~Sterne~~/~~gut~~
4. Ich ertaste dich/den Regenwurm/~~die gute Luft~~/den Spinat/~~oben~~
5. Ich schmecke die Schweinshaxe/~~alles Viereckige~~/~~das Rascheln~~

### Aufgabe 3

1. Auch ein altes Huhn gibt eine gute Brühe.
2. Man soll bei Regenwetter nicht Bohnen säen.
3. Gutes Land braucht halben Samen.
4. Nicht jedes Froschgeschrei zieht Regen herbei.

### Aufgabe 4

Erwachsene Elefanten (S) bringen ein Gewicht von sechs Tonnen (A) auf die Waage. Pro Tag werden 200 kg Grünfutter (S) verspeist. Die Speisekarte bietet 100 verschiedene Pflanzen (A) an. Nach der Mittagsruhe drängt es die Jumbos (A) zu den Wasserstellen. Dickhäuter (S) müssen alle 24 Stunden einmal trinken. Sie (S) brauchen eine Wassermenge von 150 Litern (A). Die hitzeempfindlichen Dickhäuter (S) benützen das Wasser (A) auch zur Abkühlung ihrer sehr dünnen Haut. Erst nach einem Jahr trinken übrigens die kleinen Elefanten (S) das Wasser (A) wie die großen mit der Nase.

### Aufgabe 5

**Substantiv:** eine Zwiebel, eine Zitrone, einen Pinsel, die Geheimbotschaft, die Schrift
**Pronomen:** sie, sie, es

### Aufgabe 6

Die Marionettenkleidernäherin berichtet von ihrer Arbeit: „Ich mache die Kostüme in der Schneiderwerkstatt. Hier ziehe ich die nackten Holzmarionetten an. Zuerst nehme ich genau Maß. Dann übertrage ich die Maße auf den Stoff. Erst nach mehreren Stunden habe ich die Marionetten märchengerecht angezogen. Ich schneide die Form aus, und dann lege ich das Kleid um die Marionetten. Schließlich erledige ich die letzten Feinarbeiten und nähe die Stoffteile fest. So habe ich aus eine m einfachen Stoff das Gewand einer Prinzessin hergestellt."

### Aufgabe 7

**Kranke** lässt der Kapitän im Hafen zurück. Seeräuber kennen die **Fahrwege** von reichen Händlern und Kaufleuten sehr genau. Schon von weitem hören sie das **Knattern** der Segel und riechen das **Gold**. Dann entern sie das **reich beladene Schiff**. Sie töten **jeden**, schleppen alles **Wertvolle** von Bord und setzen **es** in Brand. Keiner wird sich wohl das **Gestern** herbeiwünschen.

### Aufgabe 8

Du drohst mir/dem Meerschweinchen/der Erbtante.
Du glaubst mir/der Erbtante.
Du winkst mir/dem Luftballon/dem Meerschweinchen/der Erbtante.
Du ähnelst mir/dem Meerschweinchen/der Erbtante.
Du begegnest mir/dem Meerschweinchen/der Erbtante.

### Aufgabe 9

1. **transitive Verben:** spielen, haben, besorgen, bringen
   **intransitive Verben:** schlecht gehen, helfen
2. **transitive Verben:** veranstalten, bereichern, darstellen, vertreiben
   **intransitive Verben:** gefallen, einfallen, entkommen

### Aufgabe 10

Gold **(N)** ist ein wichtiges Heilmittel. Man hängt Gold **(A)** Kindern um den Hals, so macht es Gift unwirksam. Gold **(D)** wohnt allerdings auch eine schädliche Kraft inne: Gold **(N)** schadet dem Eierlegen der Hühner. Du wendest die Gefahr auf diese Weise ab: Gold **(A)** abwaschen und die Tiere mit dem Wasser besprengen. Gold **(A)** mit Honig gekocht, brauchen auch Leute mit Verdauungsschwierigkeiten. Manche schreiben Gold **(D)** noch eine andere Wirkung zu: Es bringt Warzen zum Verschwinden. Gold **(A)** kannst du auch reinigen: Du röstest das Gold **(A)** mit zwei Teilen Salz und einem Teil Schiefer.

### Aufgabe 11

1. Lichtmess (2. Februar) trüb ist **dem Bauern (Dativ)** lieb.
2. Märzen trocken bringt **den Bauern (Akkusativ)** auf die Socken.
3. Mairegen auf die jungen Saaten klingt **den Bauern (Dativ)** wie Dukaten.
4. Gewitter im Mai, da singen **die Bauern (Nominativ)** juchhei!
5. Der Augusti (August) macht **die Bauern (Akkusativ)** lusti (lustig).

**Aufgabe 12**

1. Ich **ziehe** unter großer Anstrengung meinen Mantel **aus**.
2. Ich **gewöhne** mir gezwungenermaßen den Kopfhörer **ab**.
3. Ich **erwarte** geduldig die göttliche Eingebung.
4. Ich **ergreife** wieder meinen Kopfhörer.
5. Ich **brauche** dringend die innere Ruhe.
6. Ich **weise** deshalb die Frage des Lehrers **zurück**.
7. Ich **gebrauche** dazu eine gepflegte Ausdrucksweise:
8. „Ich **habe** – was das kleine Einmaleins betrifft – eine andere Meinung als Sie, mein verehrter Meister der Mengenlehre."

**Aufgabe 13**

| | | |
|---|---|---|
| a) vertrauen auf | c) bestehen aus | e) sorgen für |
| b) anfangen mit | d) gehören zu | f) achten auf |

**Aufgabe 14**

Ärgern Sie sich nicht über Fischgeruch **(A)**! Spülen Sie das Geschirr kalt ab und vertrauen Sie auf den frischen Zitronenduft **(A)**.
Gehen Sie mit Kräutern **(D)** sorgsam um!
Freuen Sie sich auf leckeren Pudding **(A)**! Greifen Sie ruhig nach der Zuckerdose **(D)**.
Plagen Sie sich nicht mit zähem Knabbergebäck **(D)** ab!
Erfahrene Hausfrauen schwören auf einen einfachen Trick **(A)**: …

**Aufgabe 15**

1. Ich höre das Zwitschern der Vögel. – Ich höre mit der Arbeit auf.
2. Ich breche den Stab. – Ich breche aus dem Gefängnis aus.
3. Ich halte den Dieb. – Ich halte mich an deinen Ratschlag.
4. Ich nehme beim Frühstück viel Zucker. – Ich nehme an Gewicht zu.
5. Ich stelle die Uhr ein. – Ich stelle mich auf die Arbeit ein.
6. Ich hüte die Schafe. – Ich hüte mich vor den wilden Tieren.
7. Ich drücke die Daumen. – Ich drücke mich vor der Arbeit.

**Aufgabe 16**

Auf der ganzen Welt **strebt** man **nach** Gold. Schon vor Jahrhunderten **forschten** viele Abenteurer in den Bergen **nach** dem wertvollen Metall. Sie **erkundigten sich bei** allen Leuten und **achteten auf** jeden Stein. Denn schon in der obersten Erdschicht **stießen** manche häufig **auf** kleine Goldkörner. Selbst in der Nacht **hörten** sie nicht **mit** ihren mühevollen Arbeiten **auf**. Leider **dachten** sie nicht **an** die Folgen. Oft stürzten die unterhöhlten Berge ein und man musste **um** viele Opfer **trauern**.

## Aufgabe 1

Im Jahre 1492 wurde Amerika von Christoph Kolumbus entdeckt. Unter Lebensgefahr landete er auf der Insel San Salvador. Heute kannst du in seinem Bordtagebuch die spannenden Abenteuer dieses berühmten Seefahrers ganz gefahrlos miterleben.

## Aufgabe 2

**lokal:** über die Alpen, in Richtung Italien
**temporal:** mal, wieder, vier Wochen, rechtzeitig
**modal:** ungern, vielleicht, zu Fuß, auf eigene Faust, mit dem Rucksack
**kausal:** mit dem Auto, deshalb

## Aufgabe 3

durch die deutlich gesenkten Preise/wegen des unnachahmlich frischen Geschmacks/ zu Ihrer Bequemlichkeit/dank eines alten Geheimrezepts/ für Ihr Wohlbefinden/gegen frühe Altersbeschwerden

## Aufgabe 4

**lokale Sinnrichtung:** weithin, in Afrika, bis zu 40 Kilometer, von der Mitte eines Flusses aus, von dort, vom Land aus
**temporale Sinnrichtung:** bis auf den heutigen Tag, noch, oft

## Aufgabe 5

**Früher** besiedelte die Kiefer die Kältesteppen. **Später** breitete sie sich schnell **überall** aus. **Danach** wurde sie **leider** durch die Laubbäume aus dem Wald verdrängt. Aber die Kiefer kann auch **woanders** überleben. Sie hat sehr tiefe Wurzeln. **Dadurch** gibt es die Kiefer auch **heute** noch.

## Aufgabe 6

Mit angenehmer Dudelmusik aus dem Radio beginnt der Tag. Ganz langsam stehe ich auf. Ausgeruht gehe ich ins Bad und dusche mich mit einem Lied auf den Lippen. Ohne alle Eile ziehe ich mich an. Mein Frühstück nehme ich im Liegen ein. Gut gelaunt trete ich auf die Straße. Alle Menschen blicken mich freundlich an.

## Aufgabe 7

**Adverbial:** in meinem Schrank – nach Arbeit, Stress und Studium – auf den Zähnen – von der Wand
**Präpositionalobjekt:** brech' ich in Entzücken aus – seh' ich mich nach 'nem Ketchup um – verzichte auf Ruhm und Geld – red' ich vom Geldgewinn

**Aufgabe 8**

unter allen den Menschen bekannten Dingen – den höchsten Wert – in tiefen Bergwerken – ein Begleiter des Goldes oder des Kristalls – die Macht des Feuers – die unzerstörbare Härte – durch das Blut eines Bockes – die unüberwindliche Kraft des Steines

**Aufgabe 9**

Der **heutige** Feinschmecker will mit einem **fantasievollen** Essen verwöhnt werden. Machen Sie deshalb Ihre **abendliche** Einladung zu einem Ereignis. Beginnen Sie mit einer scharfen **indischen** Suppe. Überraschen Sie Ihre Gäste dann mit deftigen **deutschen** Spezialitäten: mit leckerem **westfälischen** Schinken oder **gefüllten** schwäbischen Maultaschen. Zum Abschluss empfehlen wir Ihnen eine besondere Eisbombe: Auf dem Boden einer **porzellanenen** Schale liegt ein Gutschein für ein **erstklassiges** Essen an einer **gemütlichen** Würstchenbude! Diesen Gag werden Ihre **einfallslosen** Gäste sicher nicht vergessen.

**Aufgabe 10**

in den vergangenen Tagen, von meiner Rückkehr, aus den neuen Ländern, unter dem Befehl des allerdurchlauchtigsten Königs von Portugal, mit gutem Grund, die Neue Welt, keines dieser Länder, unseren Vorfahren

**Aufgabe 11**

**Adjektivattribut:** frische, nährstoffreiche Böden/kleine Wurzeln/zunehmendes Alter/die alten Griechen/eine immergrüne Pflanze/die frühen Christen/abgeschnittene Efeuzweige

**Genitivattribut:** an den Stämmen der Bäume/an den Rinden der Bäume/ die Form seiner Blätter/dem Gott des Weines/Sinnbild der Unsterblichkeit der Seele

**Aufgabe 12**

Im Pflanzendickicht ist die Gestalt **des Tigers** mit ihren **dunklen** Streifen auf dem gelben Grund kaum zu erkennen. Das **gestreifte** Zebra ist in den **afrikanischen** Steppen schwerer zu erkennen als das ungestreifte Gnu. In einer Landschaft **ohne deutliches Muster**, z. B. in einer Schneelandschaft, findet man häufig Tiere **ohne Fellzeichnung**. Mit **schwarzen** Flecken oder auffälligen Streifen **auf ihrem Pelz** würden sie von ihren **hungrigen** Feinden schnell entdeckt werden.

### Aufgabe 13

**Subjekt:** Die Stufen aus Korallen in diesem Palast, prächtige Teppiche, das seidene, perlenverzierte Bettzeug, die Damen des Palastes
**Objekt:** einen goldglänzenden Körper, alle erdenklichen Reichtümer, den mit Smaragden verzierten Fußboden, ihr eigenes Spiegelbild
**Adverbial:** im prachtvollen Palast des Himmelskönigs Indra, über alle Maßen, unter dem melodischen Klang der Fußglöckchen, im weiträumigen Palast, in glitzernden Edelsteinen

### Aufgabe 14

**Adverbial:** ohne Kraftaufwand, für später, vielleicht, mit 40 €, bereits, gesetzlich
**Attribut:** in Nürnberg, merkwürdige, individueller, für den Finger, ersten, in Weichplastik, des Fingers, sicheren

### Aufgabe 15

Wir alle kennen ihn, den ostfriesischen Zappelphilipp, aus Film und Fernsehen. Mit seiner Stimme, einer Mischung aus Jodlern und Jux, reißt er sein Publikum immer wieder zu Beifallsstürmen hin. Seinen spindeldürren Körper, ein Durcheinander von Armen und Beinen, benützt er wie eine Marionette. Mit seinen Witzen, seinem trockenen Humor von der Waterkant, macht er sich über sich selbst und andere lustig. Ihn, Deutschlands größten Witzbold, kennst du sicher auch.

### Aufgabe 1

Ein Brötchen kostet 30 Cent.
Ich komme aus Berlin.
Am Montag ist das Museum geschlossen.
Du kommst zu Fuß zum Bahnhof.
Der Fahrschein gilt zwei Stunden lang.
Der Bus fährt zum Marktplatz.
Du musst in Verona umsteigen.

### Aufgabe 2

1. Achtung! Steht still!
2. Augen rechts! Hände auf den Tisch!
3. Rührt den Vanillepudding! Esst langsam!
4. Abtreten zum Spülen! Spült das Geschirr!

### Aufgabe 3

| | | | |
|---|---|---|---|
| Fahrt! | Falle! | Fische! | Fracht |
| Kerne | Klage! | Kreise! | Küsse! |
| Sätze | Schätze! | Schneide! | Sprache |

### Aufgabe 4

1. Geh vom Mittelpunkt hundert Schritte nach unten!
2. Mach eine Vierteldrehung nach links und geh in dieser Richtung ebenfalls 100 Schritte weit!
3. Wiederhole dies zweimal!
4. Mach drei Vierteldrehungen nach rechts!
5. Bewege dich 70 Schritte nach vorne!
6. Vollführe eine Vierteldrehung nach rechts und marschiere nochmals 70 Schritte nach vorne!
7. Bleib stehen und betrachte dein Kunstwerk!

Es wurde ein Haus gezeichnet.

### Aufgabe 5

**An Klausi, deinen Bruder:** Hol einen Topf! Fülle ihn halb voll mit Wasser! Bring das Wasser zum Kochen!
**An Patricia, deine Freundin:** Gieß das kochende Wasser über den Reis! Lass ihn in 1 Liter guter Milch mit etwas Salz leise kochen! Rühre dabei häufiger um!
**An Klausi und Patricia:** Fügt in der letzten Viertelstunde 50 g Butter und zwei Esslöffel Zucker hinzu! Bestreut den Reis beim Anrichten dick mit Zucker und Zimt!
**An Klausi, Patricia und mich selbst:** Setzen wir uns an den Tisch! Genießen wir die Köstlichkeit ganz langsam!

### Aufgabe 6

1. Ich will keine gut aussehende, athletische V-Form entwickeln.
2. Ich will keine schmale Taille formen.
3. Ich will keine neue Kraft in Schultern und Rücken packen.
4. Ich will nicht mein persönliches Fitness-Programm wählen.
5. Ich will die Kraftmaschine Superman nicht 14 Tage lang testen.

### Aufgabe 7

1. Blas auf die Suppe, bevor du sie isst!
2. Gib Acht, wenn du den Kopf neigst!
3. Roll die Zunge siebenmal, bevor du sprichst!
4. Hol dir einen Schirm, bevor du nass wirst!
5. Überquer den Strom nicht, wenn du den Übergang nicht kennst!
6. Schau, bevor du springst!

### Aufgabe 8

Parken Sie nicht auf unbefestigten Plätzen wie Feldwegen oder Wiesen!
Stellen Sie keine Anhänger an Uferabschnitten ab!
Befahren Sie keine Vogelschutzgebiete!
Ankern Sie nicht in der Nähe von Laichplätzen!
Beachten Sie die Verbots- und Gebotsschilder!

### Aufgabe 9

Man nehme ein Fass Wasser und bringe es zum Kochen!
Darauf reibe man eine Zichorienbeere an einer Kaffeebohne und gebe Erstere in das Wasser!
Man lasse den Sud abkühlen!
Dann schirre man die Überreste einer ehemaligen Kuh vom Pflug los, gebe sie in eine Presse und füge einen Löffel von diesem blassblauen Saft, den die Deutschen Milch nennen, dem kalten Kaffee bei!
Man mildere aber dessen schädliche Kraft mit einem Eimer lauwarmen Wassers und läute zum Frühstück!
Schließlich genieße man maßvoll und binde sich zum Schutz gegen zu starke Erregung ein nasses Tuch um den Kopf!

### Aufgabe 10

1. Wie viel Uhr ist es? 10 vor 12.
2. Können Sie mir ein Eurostück wechseln? Leider nein.
3. Hast du Lust auf ein Eis? Ja immer.
4. Wo finde ich das Deutsche Museum? Auf einer Insel.
5. Fahren wir mit der U-Bahn oder gehen wir zu Fuß? Zu Fuß.
6. Wann haben die Museen geschlossen? Am Montag.
7. Möchtest du in München oder in Hintertupfing leben? In München.

### Aufgabe 11

1. Ergänzungsfrage
2. Entscheidungsfrage
3. Ergänzungsfrage
4. Ergänzungsfrage
5. Ergänzungsfrage
6. Entscheidungsfrage
7. Ergänzungsfrage

### Aufgabe 12

Wo waren Sie gestern Abend? Nicht zu Hause.
Was haben Sie getan? Ich habe mir einen Film angesehen.
Welchen Film haben Sie sich angeschaut? Einen Tierfilm.
Hat Sie jemand dabei gesehen? Das weiß ich nicht genau.
Wann war die Vorstellung zu Ende? Um 22 Uhr.
Haben Sie ein Taxi oder die Straßenbahn benützt? Ein Taxi.
Haben Sie die Gummibärchen gestohlen? Bei meinem Ehrenwort: Nein!

**Aufgabe 13**

1. Welches **E** findest du bei einem Grautier und in deinen Büchern? **Eselsohr**
2. Welches **B** verwaltet Geld und man kann darauf sitzen? **Bank**
3. Welches **B** haben manche Männer, aber alle Schlüssel? **Bart**
4. Welches **K** haben Hühner am Kopf und Menschen in der Tasche? **Kamm**
5. Über welches **N** freut sich der Musiker, aber der Schüler nicht immer? **Note**

**Aufgabe 14**

1. „Hattest du in England Schwierigkeiten mit deinem Englisch?"
   „Ich nicht, aber die Engländer."
2. „Weißt du, warum die Amerikaner eine andere Uhrzeit haben?"
   „Natürlich, Amerika wurde doch viel später entdeckt!"
3. „Warum hast du einen Verband um den Kopf?"
   „Ich habe mir meine Amerikareise aus dem Kopf geschlagen."
4. „Scheint in Florida wirklich an 365 Tagen die Sonne?"
   „Ja. Und in manchen Jahren scheint sie noch häufiger."

**Aufgabe 15**

1. Wann hat Kolumbus einen neuen Erdteil entdeckt? 1492
2. Wo ist er mit vier Schiffen am 10. Oktober gelandet? Auf der Insel San Salvador
3. Wie oft unternahm er in den darauf folgenden Jahren noch die abenteuerliche Reise übers Meer? Dreimal
4. Wie starb Kolumbus im Jahre 1506? Verarmt und von allen vergessen
5. Wer hat dem neuen Erdteil seinen Namen gegeben? Amerigo Vespucci

### Aufgabe 1

Wer zaubern will, braucht einen richtigen Zauberhut. Ich sage dir, wie du einen Zauberhut selbst herstellst.
Du besorgst dir ein schönes Glanzpapier, von dem du einen Teil abschneidest. Er darf nicht breiter sein, als dein Kopf misst. Dann bindest du einen Bleistift an eine Schnur, die so lang wie der Papierbogen ist. Du hältst die Schnur an einem Ende des Papiers fest und fährst, wobei die Schnur gespannt ist, von der einen Seite des Papiers zur andern. Es entsteht ein Viertelkreis, der einem großen Tortenstück ähnlich ist.
Bevor du den Zauberhut endgültig zusammenbaust, kannst du ein paar bunte Papierschnipsel daraufkleben. Zum Schluss legst du eine Seite auf die andere, so dass ein spitzer Hut entsteht. Nun musst du nur noch die Längsseiten zusammenkleben.

### Aufgabe 2

Wenn du chinesisch essen willst, musst du mit Stäbchen essen können. Mister Wang zeigt dir, was du tun musst.
Du brauchst zwei dünne Stäbchen, die mindestens 20 cm lang sind. Das erste Stäbchen klemmst du so zwischen Daumen und Ringfinger, dass es in der Beuge zwischen Daumen und Zeigefinger liegt und dort etwa 5 cm nach hinten hinausragt. Das andere Ende liegt auf der Kuppe des Ringfingers, wo es mindestens 5 cm nach vorne hinaussteht. Mit dem Daumen drückst du es etwas fest, damit es nicht verrutscht.
Das zweite Stäbchen, das natürlich genauso lang ist wie das erste, wird nun hinzugefügt. Du hältst es, wie du es mit einem Bleistift gewöhnt bist, mit der Daumenspitze, dem Zeige- und Ringfinger. Achte darauf, dass die beiden Enden auseinander stehen, die Spitzen sich aber berühren.
Mit dem zweiten, beweglichen Stäbchen drückst du die Speisen, die immer klein geschnitten sind, gegen das erste Stäbchen. So kannst du sie, ohne dass du dich anstrengst, zum Mund führen. Nachdem du es ein paarmal geübt hast, kannst du sogar eine einzelne Erbse elegant verspeisen. Guten Appetit!

**Relativsätze:** was/die/wo/das/wie/die
**Konjunktionalsätze:** wenn/dass/damit/dass/ohne dass/nachdem

**Aufgabe 3**

1. **Im Frühling (Adverbial)** beginnt die Natur sich zu regen.
2. Pflanzen können sehr genau **das zunehmende Sonnenlicht (Akkusativobjekt)** messen.
3. **Der Trick (Subjekt)** ist noch ungeklärt.
4. **In Hamburg (Adverbial)** blühen die Obstbäume am frühesten.
5. **Das hellere Tageslicht (Subjekt)** macht die Menschen fröhlicher und verträglicher.
6. Von den Zugvögeln kehren **die Körnerfresser (Subjekt)** zuerst zurück.

**Aufgabe 4**

1. Wer A sagt, der muss auch B sagen.
2. Wer einmal lügt, dem glaubt man nicht.
3. Wer rastet, der rostet.
4. Wer zuletzt kommt, den beißen die Hunde.
5. Wer nicht arbeitet, der soll auch nicht essen.
6. Wer die Wahl hat, der hat die Qual.

**Aufgabe 5**

1. **Bevor** ich ins Kino gehen möchte, telefoniere ich mit Trixi.
2. **Ehe** ich das Haus verlasse, verabschiede ich mich von meinem Vogel.
3. **Während** ich mir den Film ansehe, esse ich gebrannte Erdnüsse.
4. **Während** die Werbung läuft, schwärme ich vom letzten Urlaub.
5. **Nachdem** ich mir den Film angesehen habe, kaufen wir uns Pommes.
6. **Nachdem** wir die Pommes gegessen haben, ist uns schlecht.

**Aufgabe 6**

1. Während der Spieler schnell anläuft, setzt er Geschwindigkeit in Kraft um.
2. Nachdem er kurz vor dem Ball abgebremst hat, spannt sich der Körper.
3. Bevor die Muskeln den Oberschenkel beschleunigen, ziehen sie sich am Bauch und an den Oberschenkeln zusammen.
4. Nachdem das Knie abgebremst worden ist, wird der Unterschenkel nach vorne geschleudert.

**Aufgabe 7**

gesunde Bergluft, **damit** jeder Atemzug Kraft gibt.
bräunende Sonne, **damit** die Haut den Urlaub spürt.
Wandern im Nationalpark, **damit** Sie Berg und Tal hautnah erleben.
Tennis, Golf, Reiten, **damit** der Spaß nicht zu kurz kommt.
natürliche Thermen, **damit** der Körper richtig auflebt.
weltberühmte Badetherapie, **damit** Sie immer jung bleiben.

**Aufgabe 8**

In Gruppen von zwei bis vier Kindern lernt es sich leichter als alleine, weil **(G)** sich die Kinder gegenseitig helfen können. Da **(G)** der Druck durch eine erwachsene Person fehlt, sprechen sie offener miteinander. In kleinen Gruppen hat der Einzelne auch mehr zu sagen, so dass **(F)** er sich insgesamt besser beteiligt. Falls **(B)** einmal Schwierigkeiten auftauchen, können die Eltern immer noch helfend eingreifen. Obwohl **(E)** sich die Kinder an diese Art zu lernen erst gewöhnen müssen, sollten Eltern es einmal ausprobieren. Sie sollten nichts unversucht lassen, damit **(Z)** ihre Kinder etwas mehr Spaß an Hausaufgaben bekommen.

**Aufgabe 9**

**Vor mehr als 4000 Jahren** machten Soldaten Tai Chi. Sie vollführten bestimmte Bewegungen **für ihre Gesundheit**. Schattenboxen ist ein Boxen **ohne wirklichen Gegner**. Heute machen Chinesen ihre Körperübungen **in den Parks des Kaisers**. **Im Morgengrauen** beginnen sie mit ihren eigentümlich langsamen Bewegungen. **Bei ihren Atemübungen** bringen sie ihren Körper ins Gleichgewicht.

**Aufgabe 10**

Dies alles raubte man dem König:
die Halskette, die mit Gold verziert war
den Oberarmring, der mit einem Büschel Quetzalfedern geschmückt war
den Handgelenkriemen, der mit zwei Edelsteinen besetzt war
den Schellenring, der am Knöchel befestigt war
das Stirnblatt, das dreie ckig aufragte
die Krone, die mit Türkissteinen verschönert war

### Aufgabe 11

Heinrich Bärenklau ist ein Mann, der Bären klaut.
Johanna Besenreiter ist eine Frau, die auf Besen reitet.
Roland Buchschmid ist ein Mann, der ein Buch schmiedet.
Konrad Eichenseher ist ein Mann, der Eichen sieht.
Gudrun Essenpreis ist eine Frau, die Essen preist.
Karl Faulstich ist ein Mann, der Faule sticht.
Brigitte Fetthauer ist eine Frau, die Fett haut.
Johannes Eisenbeis ist ein Mann, der Eisen beißt.
Klara Bürstenbinder ist eine Frau, die Bürsten bindet.

### Aufgabe 12

Bei den Indianern gab es einen Brauch, der auf uns ganz seltsam wirkt: Der König, der als Herrscher bestimmt war, musste sechs Jahre in einer Höhle, in die kein einziger Sonnenstrahl gelangen durfte, fasten. An dem Tag, an dem er gekrönt wurde, bestäubte man ihn mit Gold, das man zu Pulver zermahlen hatte. Mit einem Floß, das reich geschmückt war, fuhr er auf den See hinaus. Dort, wo er am tiefsten war, warf er das ganze Gold hinein.

### Aufgabe 13

Der gefährliche Stoff, der zur Tierjagd verwendet wird, stammt von dem Trieb einer Pflanze, der unter der Erde liegt. Die Cavere-Indianer finden die Wurzel in einem Landstrich, der Schlamm und fauliges Wasser hat. Für diesen Auftrag, der tödlich ist, suchen sie im Dorf eine Person, die bereits sehr alt oder krank ist. Beim Einkochen, das langsam vor sich geht, strömt Dunst aus, der den „Koch" schließlich vergiftet.

### Aufgabe 14

**Bücher (Objekt)**, die Sie nicht ständig zur Hand haben müssen, können Sie im Flur aufbewahren. Dort gibt es meist **viel ungenutzten Raum (Objekt)**, den Sie für nichts anderes gebrauchen können.
Wir können Ihnen **mit zwei Vorschlägen (Präpositionalobjekt)**, die vielleicht den Ärger mit den Büchern beseitigen, dienen.
Zunächst zeigen wir Ihnen **eine Konstruktion (Objekt)**, bei der die Regalbretter an einer Seite auf den Treppenstufen aufliegen.
Eine andere Möglichkeit ist eine Art **Zwischendecke (Subjekt)**, auf der Bücher untergebracht werden.
Vielleicht haben Sie auch **einen Dielenschrank (Objekt)**, auf den Sie verzichten können.

# Verzeichnis grammatischer Fachausdrücke

| lat. | deutsch | Beispiel |
|---|---|---|
| **A**bstraktum | Begriffswort | Gedanke; Freiheit; Lebewesen |
| Adjektiv | Eigenschaftswort, Beiwort | schön; grün; klar |
| Adverb | Umstandswort | heute; oben; sehr; deshalb |
| Adverbial(e) | Umstandsbestimmung, -angabe; Satzglied | Ich singe **gerne/morgens/mit Freunden**. |
| adverbiales Adjektiv | einem Verb beigefügtes Adjektiv | ich singe **schön** |
| Adverbialsatz | Nebensatz anstelle eines Adverbials; Umstandssatz | Ich singe, **wenn ich Lust habe**. |
| Akkusativ | 4. Fall, Wenfall | ich sehe **dich, das Haus, den Himmel** |
| Akkusativobjekt | Ergänzung im Wenfall (4. Fall), Satzglied | Ich höre **den Wind, das Rauschen des Windes**. |
| Aktiv | Tätigkeitsform des Verbs | ich tanze; es schneit; es ist kalt |
| Apposition | Beisatz | Ich, **der größte Fußballer**, verfehle das Tor. |
| Artikel | Geschlechtswort | **das** Mädchen; **ein** Mädchen |
| Attribut | Beifügung zu einem Satzglied; Satzgliedteil | Das Haus **meines Onkels** steht da **drüben**. |
| attributives Adjektiv | einem Substantiv beigefügtes Adjektiv | das **schöne** Haus, ein **roter** Hut |
| Attributsatz | Nebensatz anstelle eines Attributs; Beifügesatz | Das Haus, **in dem mein Onkel wohnt**, ist gelb. |
| Aufforderungssatz | Hauptsatzart mit Ausrufezeichen | Gib mir mein Buch zurück! |
| Aussagesatz | Hauptsatzart mit Punkt | Ich gebe dir morgen dein Buch zurück. |
| **B**ezugswort | Wort, worauf sich ein Attribut bezieht | **Das Haus** meines Onkels steht da drüben. |

## Verzeichnis grammatischer Fachausdrücke

| lat. | deutsch | Beispiel |
|---|---|---|
| **D**ativ | 3. Fall, Wemfall | ich danke **dir, dem Freund, der Freundin** |
| Dativobjekt | Ergänzung im Wemfall (3. Fall) | Ich danke **dir, euch, meinem Goldfisch**. |
| Deklination | Beugung, Veränderung des Kasus | das Haus, **des** Haus**es** |
| Demonstrativpronomen | hinweisendes Fürwort | **dieser** Tisch; **jene** Berge |
| **E**rsatzprobe | Austausch gleichartiger Satzglieder | **Nachts** sind alle Katzen grau.<br>**In der Nacht** sind alle Katzen grau. |
| **F**emininum | weibliches Geschlecht | **die** Frau, **die** Trompete, **die** Liebe |
| finites Verb | Verbform mit Angabe der Person | ich **komme**, du **wirst** kommen |
| Flexion | Beugung, Formveränderung eines Wortes | ich tanze, wir **tanzten**;<br>das Haus, **die Häuser** |
| Fragesatz | Hauptsatzart mit Fragezeichen | Wann gibst du mir mein Buch zurück? |
| Futur I | erste Zukunft | ich **werde tanzen** |
| Futur II | zweite (vollendete) Zukunft | ich **werde getanzt haben** |
| **G**egenwart | Zeitstufe | ich tanze; ich habe getanzt |
| Genitiv | 2. Fall, Wesfall | das Haus **des Försters**;<br>während **des Sommers** |
| Genitivobjekt | Ergänzung im Wessenfall (2. Fall) | Ich bedarf **deiner Unterstützung**. |
| Genus | grammatisches Geschlecht | **der** Ball; **die** Pfeife; **das** Spiel |
| Genus des Verbs | Sehrichtung einer Verbform | ich **lobe**; ich **werde gelobt** |
| Gleichzeitigkeit | Zeitverhältnis | ich **singe** und (gleichzeitig) **tanze** |

## Verzeichnis grammatischer Fachausdrücke

| lat. | deutsch | Beispiel |
|---|---|---|
| Gliedsatz | Nebensatz anstelle eines Satzgliedes | **Nach** der Schule spiele ich Fußball.<br>**Wenn die Schule aus ist**, spiele ich Fußball. |
| **H**auptsatz | selbstständiger Satz | Ich freue mich. |
| Hilfsverb | Teil einer zusammengesetzten Verbform | ich **werde** tanzen; du **hast** gesungen |
| **I**mperativ | Befehlsform des Verbs | Lache! Bewegt euch! |
| Indefinitpronomen | unbestimmtes Fürwort | **irgendeine** Person; **niemand** |
| Indikativ | Wirklichkeitsform des Verbs | ich **komme**; wir **lachten** |
| infinites Verb | Verbform ohne Angabe der Person | singen; singend; gesungen |
| Infinitiv | Nennform, Grundform des Verbs | singen; sich freuen |
| Interrogativpronomen | fragendes Fürwort | **Welche** Farbe hat der Hut?<br>**Wer** ist das? |
| **K**asus | Fall | das Haus, **den** Häuser**n** |
| kausal | den Grund betreffend | deshalb; **aus** Angst; ich esse, **weil** ich Hunger habe |
| Kausalsatz | Nebensatz des Grundes | Ich singe, **weil ich mich freue**. |
| Komparation | Steigerung des Adjektivs | schön, schön**er**, am schön**sten** |
| Komparativ | erste Steigerungsstufe des Adjektivs | **älter als** du |
| Kongruenz | Übereinstimmung von Formmerkmalen | **Ich** sing**e** ein schönes Lied.<br>**Wir** sing**en** schöne Lieder. |
| Konjugation | Beugung des Verbs | ich tanze; du hast gesungen |
| Konjunktion | Bindewort | ich **und** du; ich tanze, **weil** ich mich freue |

# Verzeichnis grammatischer Fachausdrücke

| lat. | deutsch | Beispiel |
|---|---|---|
| Konjunktionalsatz | Nebensatz mit unter-ordnendem Bindewort | Ich singe, **weil ich mich freue**. |
| Konjunktiv I | Möglichkeitsform der Gegenwart | man **nehme**; so **sei** es |
| Konjunktiv II | Möglichkeitsform der Vergangenheit | es **wäre** schön, wenn du hier **sein könntest** |
| Konkretum | Gegenstandswort | der Ball; der Baum |
| **l**okal | den Ort betreffend | oben; **in den** Wald |
| Lokalsatz | Nebensatz des Ortes | **Wo gelacht wird**, bin ich gerne. |
| **M**askulinum | männliches Geschlecht | **der** Wald; **der** Gedanke; **der** Freund |
| modal | die Art und Weise betreffend | besonders; **ohne** Verletzung; ich arbeite, **soweit** ich kann |
| Modalsatz | Nebensatz der Art und Weise | Ich singe, **ohne dass ich Luft hole**. |
| Modalverb | Verb zur Bezeichnung der Handlungsart | ich **kann** tanzen; du **darfst** schwimmen |
| Modus | Aussageweise des Verbs | ich **komme**; ich **käme**; **komm** |
| **N**achzeitigkeit | Zeitverhältnis | ich **tanze** und du **wirst** (nachher) **singen**; ich tanze, **bevor** du singst |
| Nebensatz | untergeordneter, abhängiger Satz | Ich frage dich, **wie viel Uhr es ist**. |
| Neutrum | sächliches Geschlecht | **das** Mädchen; **das** Lied |
| Nomen (Substantiv) | Namenwort, Dingwort, Hauptwort | Ball; Mädchen; Gefühl |
| Nominativ | 1. Fall, Werfall | dieses Haus; ich |
| Numerus | Anzahl | das Haus, die Häuser; ich, wir |

# Verzeichnis grammatischer Fachausdrücke

| lat. | deutsch | Beispiel |
|---|---|---|
| **O**bjekt | Satzglied; notwendige Ergänzung zum Prädikat | ich gebe **dir dein Buch** zurück |
| Objektsatz | Gliedsatz anstelle eines Objekts | Ich höre **das Rauschen des Windes**.<br>Ich höre, **wie der Wind rauscht**. |
| **P**artikel | nicht veränderbares Wort | immer; während; und auch |
| Partizip I | Mittelwort der Gegenwart | singend; schwebend |
| Partizip II | Mittelwort der Vergangenheit | gesungen; gewesen |
| Passiv | Vorgangsform des Verbs | ich **werde gelobt**; ich **bin gelobt** |
| Perfekt | vollendete Gegenwart | ich **habe gelacht**; ich **bin gewesen** |
| Personalform | Verbform mit Person und Numerus | Du **baust** eine Marionette zusammen. |
| Personalpronomen | persönliches Fürwort | ich; du; ihr; sie |
| Plural | Mehrzahl | **die Häuser; wir** |
| Plusquamperfekt | vollendete Vergangenheit | ich **hatte getanzt**; du **warst** krank **gewesen** |
| Positiv | Grundstufe des Adjektivs | ich bin **so groß wie** du |
| Possessivpronomen | besitzanzeigendes Fürwort | **mein** Buch; **seine** Freunde |
| Prädikat | Satzaussage;<br>finite Verbform | Ich **baue** eine Marionette **zusammen**;<br>die Puppe **ist fertig**. |
| prädikatives Adjektiv | zum Prädikat gehörendes Adjektiv | Das Haus **ist groß** |
| Präposition | Verhältniswort | **vor dem** Haus; **während des** Tages |
| Präpositionalobjekt | Ergänzung mit Verhältniswort, Satzglied | Die Puppe besteht **aus vielen Einzelteilen**. |
| Präsens | Gegenwart | ich **lache** (gerade) |
| Präteritum | Vergangenheit | ich **tanzte** gestern |
| Pronomen | Fürwort | **dieses** Mädchen; **du**; **wer**? |

# Verzeichnis grammatischer Fachausdrücke

| lat. | deutsch | Beispiel |
|---|---|---|
| **R**eflexivpronomen | rückbezügliches Fürwort | Der Junge beeilt **sich**; die Katze putzt **sich**. |
| Relativpronomen | bezügliches Fürwort | das Mädchen, **dem** der Ball gehört |
| Relativsatz | Nebensatz mit einem Bezugswort; Bezugswortsatz | Hunde, **die** bellen, beißen nicht. |
| **S**atz | kleinste vollständige Äußerung | Ich tanze. |
| Satzfrage | Entscheidungsfrage | Kommst du heute zu mir? |
| Satzgefüge | Verbindung von Haupt- und Nebensatz | Ich freue mich, weil du da bist. |
| Satzglied | Wort oder mehrere Wörter, die sich im Satz nur gemeinsam verschieben lassen | **In der Nacht** sind **alle Katzen** grau.<br>**Alle Katzen** sind **in der Nacht** grau. |
| Satzklammer | geschlossene Wortstellung im Hauptsatz | Ich **werde** im Sommer nach Italien **fahren**. |
| Satzreihe | Verbindung von gleichartigen Sätzen | Ich freue mich und du freust dich. |
| Singular | Einzahl | das Haus; ich tanze |
| Sinnrichtung<br>– temporal<br>– lokal<br>– kausal<br>– modal | Angabe der Umstände<br>– Zeit<br>– Ort und Raum<br>– Grund<br>– Art und Weise | Ich lache<br>– **während des Films**<br>– **im Kino**<br>– **über Dick und Doof**<br>– **ohne Unterbrechung** |
| Subjekt | Satzgegenstand; Satzglied im Nominativ | **Der Ball** ist rund. |
| Subjektsatz | Nebensatz anstelle eines Subjekts | **Wer viel lacht**, bleibt gesund. |
| Substantiv (Nomen) | Namenwort, Dingwort, Hauptwort | Ball; Gefühl; Mädchen |

# Verzeichnis grammatischer Fachausdrücke

| lat. | deutsch | Beispiel |
|---|---|---|
| Substantivierung | Verwandlung einer Wortart in ein Substantiv durch Artikel und Großschreibung | Ich freue mich heute.<br>Ich freue mich über **das Heute**. |
| Superlativ | zweite Steigerungsstufe des Adjektivs | das **schönste** Haus; ich bin **am größten** |
| **t**emporal | die Zeit betreffend | nachts; **in den** Ferien; |
| Temporalsatz | Nebensatz der Zeit | **Als ich heimkam**, freute sich mein Hamster. |
| Tempus | Zeitform des Verbs | ich **lache**, **lachte**, **habe gelacht** |
| **U**mstellprobe | Verschieben von Satzgliedern | **Nachts** sind **alle Katzen** grau.<br>**Alle Katzen** sind **nachts** grau. |
| **V**erb | | |
| - finit | vollständige Verbform; Prädikat | Ich **singe**, du **sangst**, er **hat gesungen**. |
| - infinit | Verbform ohne Person | singen, gesungen |
| - intransitiv | Verb ohne Akkusativobjekt | Ich danke **dir**. Ich erwache. |
| - transitiv | Verb mit Akkusativobjekt | Ich sehe **dich**. Ich sehe, **wie es schneit**. |
| Vergangenheit | Zeitstufe | ich **tanzte**, **hatte getanzt** |
| Vorzeitigkeit | Zeitverhältnis | ich **frühstückte**, **nachdem** ich mir (vorher) die Hände gewaschen hatte. |
| **W**ahlfrage | doppelte Satzfrage | Kommst du heute **oder** morgen? |
| Wortfrage | Ergänzungsfrage mit Fragewort | **Wann** kommst du heute zu mir? |
| **Z**ukunft | Zeitstufe | ich **werde tanzen**, **getanzt haben** |

# Alles im Griff!

**Die wichtigsten Schlüsselthemen endlich kapiert**

- Ausführliche Schritt-für-Schritt-Erklärungen zeigen dir, wie's geht
- Viele Übungsaufgaben mit ausführlichen Lösungen bringen Sicherheit
- Extra: Online-Abschlusstests nach jedem Kapitel überprüfen deinen Lernerfolg

Jeder Titel
14,99 €

ISBN 978-3-12-927223-7

ISBN 978-3-12-927224-4

ISBN 978-3-12-927225-1

ISBN 978-3-12-927226-8

ISBN 978-3-12-927227-5

ISBN 978-3-12-927228-2

ISBN 978-3-12-927229-9

ISBN 978-3-12-927233-6

**Diese und weitere Klett-Lernhilfen sind im Buchhandel erhältlich.**
Weitere Informationen unter **www.klett.de/lernhilfen**